全国小学生校园美文精品集萃丛书

七色阳光
小少年

邂逅蒲公英

《语文报》编写组 编

时代文艺出版社

U0724085

图书在版编目（CIP）数据

邂逅蒲公英 /《语文报》编写组编 . —长春：时代文艺出版社，2018.8（2023.6重印）
（"七色阳光小少年"全国小学生校园美文精品集萃丛书）

ISBN 978-7-5387-5902-0

Ⅰ. ①邂… Ⅱ. ①语… Ⅲ. ①作文－小学－选集 Ⅳ. ①H194.4

中国版本图书馆CIP数据核字（2018）第127869号

出 品 人　陈　琛
产品总监　郭力家
责任编辑　王　峰
助理编辑　史　航
装帧设计　孙　利
排版制作　隋淑凤

邂逅蒲公英

《语文报》编写组 编

出版发行 / 时代文艺出版社
地址 / 长春市福祉大路5788号　龙腾国际大厦A座15层　邮编 / 130118
总编办 / 0431-81629751　发行部 / 0431-81629758
官方微博 / weibo.com / tlapress
印刷 / 北京一鑫印务有限责任公司
开本 / 700mm×980mm　1 / 16　字数 / 153千字　印张 / 11
版次 / 2018年8月第1版　印次 / 2023年6月第5次印刷　定价 / 34.80元

编　委　会

主　　编：刘应伦

编　　委：刘应伦　赵　静　李音霞

　　　　　郭　斐　刘瑞霞　王素红

　　　　　金星闪　周　起　华晓隽

　　　　　何发祥　朱晓东　陈　颖

　　　　　段岩霞　刘学强

本册主编：王安民　王冠敏

目 录

石榴开花慢慢红

001

瓜碎了，爱还在

我的梦因你而亮丽

翩翩起舞的"芭蕾公主"

大战瞌睡虫

石榴开花慢慢红

　　石榴花有自己独特的芬芳，风轻轻吹过，石榴花瓣你推我挤，像一群调皮的小孩子，在花枝上嬉戏玩耍；又像一个个芭蕾舞演员，风吹起了她们的裙子，于是她们害羞地躲在绿叶下面。

我的"樱桃妈妈"

杨　洋

　　有一部电视剧叫《樱桃》，剧里的红红有一个"樱桃妈妈"，现实生活中我也有一个"樱桃妈妈"。

　　我的妈妈头脑不是那么灵活，动作也不是那么灵便，举止就像小孩子一样，看上去就与别人的妈妈不一样，所以小朋友们都把她当作"笑料"，可我却把她视为我的"珍宝"。

　　妈妈很关心我的学习。虽然她没上过学，不懂什么知识，但是我每次写作业时，她都会坐在我的桌前笑眯眯地看着我，直到我把作业写完。不知为什么，只要看到妈妈憨憨的笑容，我就会浑身充满力量，即使再困难我也不退缩。

　　妈妈也非常关心我的生活。

　　一天放学，突然下起大雨，我们几个没带雨具的同学，一个个焦急地等在大门口。望着越下越大的雨，我心急如焚。就在这时，我透过雨帘，突然看见妈妈出现在校门口，她手里正艰难地撑着一把伞，我连忙跑过去，在同学们羡慕的目光中走出校门。妈妈带的伞太小，只能容下一个人，所以妈妈总是把伞向我这边倾斜，而自己的整个身子却淋在雨中，任凭雨水顺着她的头发一道道往下流……望着妈妈，我的眼睛湿润了，我觉得上天给了我一个好妈妈，我是多么幸福呀。

这就是我的"樱桃妈妈"，虽然她不如别人的妈妈聪明、能干，但她爱我的心一点儿也不比别人的妈妈少。我绝不会因为她的"与众不同"而感到自卑，而是会更积极地去面对生活中的挑战。我要快快长大，保护我的"樱桃妈妈"。

捉　火　鸡

黄馨以

有的人可能没见过火鸡，我可是捉过火鸡的哦！

在我的好朋友——帆帆的家，我头一次看见了家养的火鸡。火鸡的头小，脖子细而长，这种鸡野性十足，灵活度比家鸡高出好几倍。就因为灵活，有的小鸡都跑到田野里去了，帆帆妈妈就请我们一起帮忙抓鸡。

我们带好了抓鸡的道具，有箱子、网、棍子，打算跟鸡来一场激烈的斗争了。可这些鸡还真聪明，跟我们玩起了捉迷藏，看见我们来了，一下子逃到隐蔽的地方躲了起来。田里种着瓜果蔬菜，还有藤架，我们根本无从下手，一时间不知道该怎么办才好。有个小伙伴建议用棍子把鸡赶出来，我们就一起举了棍子追，火鸡不停地跑来跑去，我们也跟着不停地跑来跑去。在这么烈的太阳底下暴晒，我早已经满头大汗了，脸红得跟猴子屁股似的，火鸡没捉到，自己倒先成了"火鸡"了。等停下来互相一看，我们几个面面相觑，都哈哈大笑起来。气急败坏的我拿着棍子指着一只鸡大叫一声："束手就擒吧！你

是逃不掉的。"那只鸡被吓得到处乱窜，我突然来了一个"饿狼扑食"，将它死死地按住了。哎呀！不好了，衣服上都是泥巴了，不管了，抓到鸡最要紧，其他的回家再解释。成功地捕获了第一只鸡，我高兴地跳了起来。

紧接着我们朝另外一只鸡围了过去，好像刚才的情景吓着它了，火鸡的胆子有点儿小了，我拿起箱子就套了下去，第二只鸡也被我们"捉拿归案"了。

最后一只鸡，可难抓了！只见它在井边绕来绕去，对我们刚才的斗争完全不屑一顾，还悠闲地在那里转悠。我们离井边的距离有点儿远，而且这里的位置也不利于我们过去抓，我想到了网——竹竿长，能够得着鸡。于是趁鸡不注意的时候，我赶紧拿起网子，用手那么轻轻一甩，就套住它了。看着被我们抓回的小鸡，我双手叉腰道："哼！跟我斗，你还嫩着呢！"

我们大伙费了九牛二虎之力，个个累得满头大汗，终于捉到了这三只火鸡。我也因为这次抓鸡的成绩显著，得了一个"抓鸡大王"的美名。

石榴开花慢慢红

张 乐

我家院子的大花盆里栽着一棵石榴树。每个夏天的傍晚，调皮的我都会悄悄地溜出家门和院子里的小伙伴们尽情地在石榴花中嬉戏玩

耍。玩累了，我就会一屁股坐在树下，昂着小小的脑袋看头顶上的石榴花。

我抬头望，满眼火红火红，一时分不清是天边的晚霞烧红了石榴树梢，还是石榴花瓣染红了天边的云朵。层层叠叠的花瓣挤着叶子，争着抢着向人们问好，一阵风吹过，石榴摇晃着叶子乐开了，红艳艳的色彩映到小伙伴的脸上，石榴花和小伙伴的脸蛋一起开放，都是红彤彤的。

石榴花有自己独特的芬芳，风轻轻吹过，石榴花瓣你推我挤，像一群调皮的小孩子，在花枝上嬉戏玩耍；又像一个个芭蕾舞演员，风吹起了她们的裙子，于是她们害羞地躲在绿叶下面，露出了半边红红的脸。我伸手摘下一片花瓣，她如水一样清润，如丝一般柔和。一阵风吹过，地上洒满了石榴花瓣，我不由得想起才学过的"落红不是无情物，化作春泥更护花"这一诗句来。看到落在地上那一层薄薄的石榴花，我不由得为它身上那种无私奉献的精神所感动。我轻轻地从地上捡起一朵小花放在鼻前，嗯，芬芳清香，就在这一刻，我小小的心里竟有一种莫名的宁静与快乐！

我每天上学放学，都从石榴树下经过，石榴开花慢慢红，她给我带来了不一样的快乐！

团团圆圆的中秋节

鲁婧涵

转眼，温馨而又快乐的中秋节到了，在这快乐的节日里，我和爸爸妈妈去奶奶家过中秋节。

窗外的景色格外动人，远处的天是浅蓝色的，而近处的天则是湛蓝湛蓝的，像高贵的蓝宝石。天上飘着几朵白云，大小不一，时远时近，一眼望不到边。今天的天空多么富有立体感，好像在播放一部富有动感的立体电影。天与田野的界限并不那么清晰，都是蓝绿相间的颜色，十分鲜亮。看来老天爷也为今天的中秋节而快乐。

欣赏着如此美丽的自然景色，不知不觉就到了奶奶家。

一下车，便听到了说说笑笑的声音，菜肴的香气直扑鼻尖，狗儿在一边蹦蹦跳跳，整个村庄都沉浸在了中秋的欢乐之中。厨房里，奶奶和姑姑边做菜边说笑，妹妹在一旁快乐地玩耍，弟弟在蹦蹦跳跳地浇花。这场面真是温馨！

中午，我们一大家子亲热地坐成一圈吃着各种美食，爸爸们高声笑谈；妈妈们不时插一两句嘴；大表弟不停地往嘴里扒饭；小表弟在认真地听；尤其是奶奶，笑得把眼睛都眯成了一道缝儿，忙着给每人添菜添饭，给我们盛了一盘又一盘热气腾腾的水饺。我看着躺在盘里的水饺好像一个个扬眉吐气挺着将军肚的国王，食欲一下子就来了，

赶紧夹了一个送进嘴里，嚼着筋道的皮和鲜嫩的馅儿，也不顾得烫就咽下了肚，全身顿时感到暖暖和和的。

快接近下午了，西边的天空发生了变化，晚霞金灿灿的，带着点儿葡萄酒的颜色，呈现出一种说不出的漂亮，渐渐地，颜色淡了下来，不一会儿，便消失了。

这时候，天空也渐渐暗了下来，八月十五特有的月亮升上了天空，那月亮像一轮玉盘嵌在蓝色的天幕中。这没有一丝瑕疵的碧玉，散发出无尽的光芒，神秘、皎洁，带给人忧郁的感觉，像是嫦娥孤独时流下的白玉般的眼泪。大家围坐在一起吃着圆圆的月饼，看着圆圆的月亮，真可以算是一大享受啊。

那天，我深深地体味到了亲人团聚的快乐，围坐在一起吃团圆饭的场景，深深地印在我的脑海中，我一辈子也不会忘记！

快乐的后园

赵思然

小时候，我住在外婆家。外婆家在白塔，周围只有五户人家。屋子的前门不大，可一到了房子的后面，就是天高地阔了。天空蓝悠悠的，又高又远。调皮的云朵总爱穿着洁白的衣裳，在天空中玩耍。

后园的左边围着篱笆，篱笆里边是一块空地，中间立着一棵高大的苹果树，空地里还养着几只鸡。右边是一片菜地，土豆、红薯、小白菜、萝卜，一应俱全。右上方种满了各种花儿，五彩缤纷。花丛中还有一个秋千。

早上，公鸡叫了三遍，外婆便起床了，我也跟着起床了。来到后园，我就"呵呵"地笑了起来，因为我看见，一只鸭子正伸长脖子，扬起头，学着公鸡叫。我从地上捡起一根树枝，追着鸡鸭跑。我和鸡、鸭满地疯跑，这只鸡追不着，又去追那一只鸭。

跑累了，便在秋千上一边荡，一边赏花。有时，我还把花儿一朵一朵地摘下来，撕成花瓣，一下子把全部花瓣向上抛，大声叫着："下花瓣雨啦。"外婆说："乖，到屋里玩吧，我要干活儿了。"我撒娇地说："我来帮你嘛。""好好好！"外婆笑着说。

外婆给鸡喂食，我也学着外婆的样子，给鸡喂食。外婆除草，我也除草。外婆拿着大锄头，我也拿着小锄头。外婆浇水，我也浇水，只不过，我是把水倒在地上，然后走在上面，不时地回过头来，对外婆说："我在走水光大道呢。"外婆笑眯眯地看着我。我好怀念那段生活，不管过多久，我都会记得那装着满满一地笑声的园子！

008

芙蓉花开

袁轶南

门后，一棵芙蓉树在风中婆娑作响。

我自己也不知道她是什么时候就有的，只知道她是我的一个家人、朋友。

回忆起从前的岁月，我曾抱着她哭过、笑过、打过、闹过，有什

么不开心的事我都对她说，她总是动动身上的树叶，那抖动的声音像是在逗我开心。芙蓉花开的时候，整棵树生机勃勃，一派喜庆。见到她，我的怨气就没了，心情也舒畅了。

七岁那年，我问爸爸："芙蓉树是什么时候种下的？"爸爸用笑而不答来掩饰自己的思索。

"和你同龄，比你大几个月。"

"哦！那我该叫她姐姐了吧。"那时的我天真可爱，又有些幼稚。

我情愿做个懵懂的傻女孩儿，天天抱着芙蓉树喊着"姐姐"，在树下唱歌、玩过家家。

我喜欢在夜里独自散步。初秋的月光下，一朵朵含苞欲放的芙蓉花随风摇曳着，我痴痴地望着她们，生怕其中未开的一朵会一骨碌滚下来。心中一阵不曾有过的酸疼，我哽咽了一下，只觉得喉咙紧紧的。

清晨，我踏着小舞步来看芙蓉，竟还没开！下午，我得知因为后门道路的建设，必须把树拔了。我在湿漉漉的巷子里飞奔，奔向芙蓉。"怎么能让她走，花还没开呀！"我仿佛听到了她的呜咽，胸口像塞了一团棉花，眼泪扑簌簌地往下流。

我眼睁睁地看着"姐姐"被连根拔起。

那一段时日，我不再欢笑，只觉得好孤寂。我始终忘不了那一刻：芙蓉花并没有开，而是纷纷落地，一地的缤纷似乎都在诉说：朋友，我只能留下这些。我的眼前总是闪现着未开的花苞无力地躺在地上，莫名地显眼，那段日子特别灰暗。

九岁那年，爸爸不知从哪拿来了一枝小芙蓉，种在地里，和我的个子差不多。这么小，什么时候才能长成像"芙蓉姐姐"那样高啊？

"芙蓉树可神奇啦，一两年便能长成大树！"

"真的？"我大吃一惊，不可思议地张大了嘴，"不会吧？哪有

009

石榴开花慢慢红

那么神的！"

过了半年，芙蓉树长高了许多，跟爸爸的个子差不多了。枝叶茂盛，绿油油的令人心底痒痒，虽然当年没开花，可爸爸脸上有欣慰、欢喜和得意，我激动得恨不得吻她的每一片叶子。

夜晚，这个季节并不冷，可风吹来，我还是有一丝丝担心。芙蓉！我一直在等你开花。夜里，我隐约感觉到自己在笑，因为我梦见：她"噌噌噌"地长成了一棵参天大树，芙蓉花盛开，我扑进了好朋友——芙蓉的怀抱。

门后，一棵芙蓉树在风中婆娑作响……

精彩的木偶戏

李佳凤

早就听说，家乡如皋的木偶戏屡获全国大奖，驰名中外。今天，我们就有幸在自己的学校欣赏了一出精彩的木偶戏。

如皋的木偶戏种类很多，有演员拎在手上表演的提线木偶，有套在手上表演的布袋木偶，有和演员差不多高、固定在演员前面的"演员走它也走，演员动它也动"的大型木偶……这些木偶个个造型夸张，精雕细刻，色彩艳丽，栩栩如生，好看极了。

今天的节目很多，有人偶同台表演的舞蹈《映日荷花》，有教育我们从小就要公正执法、廉洁自律的《包公大义灭亲》《七品芝麻官》《班长与丞相》等，还有小朋友特别熟悉的《西游记》片段——

孙悟空智斗蛇妖……

　　我最感兴趣的是《班长与丞相》这个节目。节目一开始，帷幕上方出现了两个穿着漂亮的小木偶，有二三十厘米长，是一男一女两个小学生，手臂上还分别戴着三条杠、两条杠标志。木偶女孩儿的嘴一张一合地质问班长，为什么不把自己的好朋友迟到的事如实记录？男孩儿很不耐烦，说自己要赶紧回家看动画片。女孩儿就说要带班长穿越时空到两千多年前的鲁国去看看。

　　这时，幕后传来一阵令人感觉天崩地裂的声音，随着一声巨响，幕布拉开了。这时出现在观众眼前的木偶特别大，有大半个真人大，木偶制作得也十分漂亮，比真人还吸引人们的眼球呢！这些木偶都紧贴在演员身前，由演员操纵着做不同的动作。仔细一看，这不是我们曾经学过的《公仪休拒收礼物》中的公仪休和子明吗？

　　一阵优美的乐声传出，只听一个男演员快活地喊道："子明呀，这鲤鱼的味道实在是太鲜美了！"这就是公仪休的声音了，"只要天天有鱼吃，我也就心满意足了。""老师，您什么时候想吃，我就替您买去。"子明说。"子明，我知道你有这份心。可是，就我那些俸禄……"公仪休摇了摇头说，"算了，几个月能够吃上一顿也就不错了。"

　　这时，后台有人高喊："有一位管家求见——"公仪休让子明出去看看。不一会儿，子明领着那位管家进来了。管家提着两条大鲤鱼，满脸堆笑地说："大人，我家主人说，您为国为民日夜操劳，真是太辛苦了！特命小人送两条鲜活的大鲤鱼来给您补补身子。"公仪休想了想，说："谢谢你家大人的盛情。可是，这鱼我不能收哇！你不知道，现在我一闻到这鱼的腥味，就要呕吐。请你务必转告你家大人……"管家无可奈何地摇了摇头，只好提着大活鱼走了。

　　子明很疑惑："老师，您不是很喜欢吃鱼的吗？怎么送上门的鱼却不要呢？"公仪休耐心地解释道："正因为我喜欢吃鱼，所以我才

011

石榴开花慢慢红

不能收别人的鱼呀。你想，如果我收了别人的鱼，就要照人家的意思办事，这样就难免要违反法纪。如果我犯了法，成了罪人，还能吃得上鱼吗？现在想吃鱼，就自己去买，不是一直有鱼吃吗？"

子明听了，恍然大悟："老师，您说得对。今后，我一定照着您的样子做。"

这时，小木偶女孩儿对班长说："班长，怎么样？"班长摸摸脑袋，不好意思地说："我明白了。我马上回去把迟到的朋友记上去。唉！都是他的那支画笔惹的祸……"

看到这里，台下响起了经久不息的热烈掌声。

今天的木偶戏真是太有意思了！我真希望能够再次看到这样精彩的演出。

邂逅蒲公英

黄韫彦

微风拂来，空气中萦绕着一丝熟悉的清甜气息——我知道，那是蒲公英的香味。

记忆中的那一天，是个平凡的下午，蝉鸣阵阵，清风徐徐，驱散了盛夏时节的燠热。妈妈牵着我的手，漫步在公园幽静的小路上。路旁碧草茵茵，我在萋萋芳草中一眼瞥见了顶着一团白色绒球的它。

微微泛着紫红色的修长叶片，高挑笔挺、不蔓不枝的茎，这株野草丛中的小精灵格外显眼。端详着它紧密簇拥着的雪白绒球，我铆足

了劲儿一吹，呼——它只是微微摇曳了几下，就恢复了平静，似在浅笑。我不服气，再次深吸一口气——脸都憋红了，再吹，还是没把这些小绒球送上天空。

我放弃了，把求助的目光投向一旁观望的妈妈。妈妈笑吟吟地蹲下身来，几乎没费多大力气，这些如柳絮般轻盈柔软的小精灵就被陆续送上了天空，数不清的小黑籽各自顶着洁白蓬松的发饰，纷纷离开母体，飘扬旋转在蔚蓝的天幕下。

我痴痴地仰望着漫天飞舞的轻絮，听见妈妈在耳畔细语："宝贝，总有一天，你也会像这些蒲公英种子一样，离开妈妈，独自一人去更大更遥远的地方旅行。"

看着飘远的蒲公英，听着妈妈的话，我似懂非懂。

真奇怪，蒲公英明明是没有香味的，但我轻轻翕动鼻翼，却清晰地嗅到了丝丝缕缕的清凉与甘甜味儿。这味道唤醒了我对行走远方的希冀与期待，让我察觉到了妈妈隐隐的不舍和倾注在我身上的浓浓的爱。

那个盛夏，我与蒲公英邂逅，从此，我便爱上了蒲公英。虽然我不再牵着妈妈的手去公园散步，虽然与蒲公英的相遇只是偶然，我却从未忘记那个微风徐徐的盛夏的午后。

而现在的我，已经能独自面对成长路上的一些荆棘。我相信，在不远的将来，我真的能独自去更遥远的地方旅行，独自漂泊远方。

没想到，在这个平凡的夏日，我再次在公园的草丛中，在一个平时被我忽略的角落，惊喜地邂逅了许久未见的蒲公英。我的老朋友，你是否已在这里等待了几个春秋？或许我错过了太多，但总算没有错过这次的相逢。我轻轻翕动鼻翼，一丝若有若无的香气缭绕在鼻尖。我知道那是蒲公英的香味，然而不一样的是，闻着这香味，我心中那誓要飞到远方的坚定信念和对未来的希冀与盼望越来越清晰。仰望蓝天，我心头升腾起一股力量，心中多了一份坚毅——我一定要做飘得最远的那粒蒲公英种子。

盛夏，蝉鸣阵阵，蒲公英摇曳，而我在成长的路上愈走愈远。

我懂得了珍惜

耿雨霜

生活中，我们每个人都在不断地成长，从懵懂走向聪慧，从弱小走向强壮，从幼稚走向成熟，从单纯走向复杂，从依附走向独立……我们所经历的种种事情，都是成长的必然历练，会让我们积累起丰富的经验，而每一次经验的获得，都在于自己对教训的吸取。在我所经历的事情中，最使我痛彻心扉的感悟是，一定要懂得珍惜，珍惜身边的人，珍惜亲情。

不久前，因为一场车祸，我最爱的爸爸永远地离开了我。这一切来得太突然，让我猝不及防，不知所措。我不敢相信，希望这是一场支离破碎的梦，然而，这一切都是真实的，是我不得不接受的事实。爸爸的去世，让我痛得无法呼吸，我脑海里全是和爸爸生活在一起的画面。

在家里，我不敢看爸爸的照片，有时，我会傻傻地拿起爸爸的衣服，闻一闻上面的气息，想找到一点儿爸爸存在过的痕迹。我对爸爸的爱甚至超过对妈妈的爱。在我的印象中，爸爸总是一副慈祥的面容，把我宠溺得不像话。我呢，就是不断向爸爸讨要小鱼干的猫咪，只懂索取，不懂付出。我恨自己没有多陪他说说话，没有多陪他吃几顿饭，没有多去关心他，有时还会无理取闹，惹他生气。我恨苍天无情，让他英年早逝，让我们在一起的日子这么短暂。我非常渴望我的父亲能和别人的一样，等着我长大，让我有机会好好地照顾他。我还想着等父母老了走不动了，我能买些菜，做饭给他们吃，陪他们聊天……然而，这一切都成了幻想与奢望。

这一场变故，让我懂得了珍惜，珍惜家人，珍惜和他们在一起的所有日子。现在，妈妈，姐姐，还有妹妹，是这个世界上我最亲近的人。我至亲的人啊，我会用自己的坚强与努力，给你们温暖与希望、快乐与幸福。

开 机 密 码

杨啸天

前段日子，我沉迷于电脑游戏，成绩有所下降，爸爸终于忍无可忍，在电脑上设置了开机密码，对着那台电脑，我只能"望机兴叹"。

同桌小磊有破解密码的经验，我问他是怎样破解成功的，他神秘地对我说："这是秘密，不过我可以去你家试试。"

周六下午，小磊如约来到了我家，我领他到电脑前，按下了power键，电脑又显示：请输入密码。

小磊迅速地输入"000000"，窗口显示输入错误。他又分别输入了"888888""111111"，依然是输入错误。小磊问我："你爸爸的手机号码是多少？"我告诉了他，他输入了后六位，窗口还是显示：输入错误。

可是，他没有要放弃的样子，又问我："你知道你爸爸的生日吗？"唉，我怎会记住他的生日呢？我顺手拉开了电脑桌抽屉，巧得很，爸爸、妈妈的身份证都在里面。

小磊拿了我爸爸的身份证，琢磨了一番，然后输入了爸爸的生日"750406"，还是"输入错误"的提醒。

"算了吧？"我终于忍不住了，"这么容易破解的话，那还叫啥密码？"

他又输入了一组数字，出乎意料的是，这时，电脑显示器有了变化，"windows7启动成功"。

我欣喜若狂，连忙问他："密码是什么？"

小磊说："你爸爸身份证的后六位。"

这个秘密可千万不能让爸爸知道啊！我们开始了丛林对战游戏，完全忘记了时间，忘记了周围的一切。

突然间，我听到了敲门声，爸爸回来了，已经在门口站了好久……

老屋的味道

符一涵

不知不觉，离开老屋快一年了。今天，重新走过一片片稻田，穿过一声声犬吠，我又回到了给自己留下美好回忆的地方。

推开破旧的木门，伴随着吱啦啦的声音，一阵古朴的气息扑鼻而来，这是一种十分亲切的味道。

一缕阳光照了进来，老屋的陈设全都展现在我的眼前。

门口是一只烧火用的炉子，它早已生了锈，可仍能看出爷爷、奶奶对它的爱护，这么多年过去了，它还能使用。墙壁是用大泥块堆成的，上面坑坑洼洼的。中央是一张八仙桌，桌上铺满了一层厚厚的灰尘。

打开后门，便能看到几棵高大的梨树。即使站得远远的，你也能闻到树上梨子成熟的香气。以前每到秋天，我们都会准时来到老屋摘梨子，爸爸用梯子爬上树摘，妈妈和爷爷手忙脚乱地在下面接，我连蹦带跳地瞎指挥……真是其乐融融。

最令人难忘的，是那老屋特有的烤饼味道。

以前每次回到老家，奶奶都会特意为我做些烤饼。一些面粉、韭菜、鲜肉，没什么特别的食材，但奶奶竟能用它们做出十分美味的烤饼来。它圆圆的，薄如纸片，闻一闻，香气扑鼻，再轻轻咬上一口，脆脆的、嫩嫩的、香香的，让人都舍不得咽下去了，因为它饱含着奶奶对我的爱。

现在，老屋早已没人住了，我们也都搬到了城里，可城市的生活总让人觉得缺少点儿什么。今天，当我再次走进老屋时，才发现，原来缺少的是老屋的味道……

老屋的味道，是古朴的味道，是梨树的味道，是烤饼的味道，更是幸福的味道。

把那一刻的幸福装进记忆

李博文

怎能忘记那潮湿却又暖意融融的下午，那场倾盆大雨，那顿烛光晚餐？不经意间，总会让人有一种想哭的冲动。不，应该说是幸福地流泪。

我家种了几亩瓜，正值对花的时候，我们也放了暑假。爸妈整天早出晚归，分外辛苦。我和姐姐已不再是小孩子了，应当做一些力所能及的事，于是，那个下午我们跟着爸妈也去了地里。

天气并不炎热，东南边有一朵又一朵厚实的云在慢慢地移动，似乎孕育着一场大雨。

开始干活了，我干得很认真，但是动作比较慢，大半天才干完一沟。看着大家离我越来越远，心中很着急，妈妈都干完两沟了，我才慢慢悠悠地换行。听着大人们边干活边聊天，很有趣，心也偷偷地放晴了。不过天气似乎很不给力，云越聚越多，越堆越厚，把整个天都占满了。风似乎也不喜欢这么多的云，一个劲儿地想把云吹散，却适得其反，吹得瓜秧摇摇摆摆，防雨纸帽在瓜秧上也摇摇欲坠。虽然很凉快，但是也意味着风雨即将光顾大地。一定要在风雨来临之前把花对完！我也没心思玩了，专心致志地干起活来。一滴又一滴，雨水落在了瓜秧上。"雨啊雨，请你等一会儿好吗？活快干完了，完了你

再下行不？”我默默地祈盼着，可雨还是越下越大，像豆粒一样打在叶子上“叭叭”响。“孩子他爸，赶快把俩孩子接回家去。”妈妈说着，连头都没抬。刚坐上车，雨点便如细针一样打在我们脸上。爸爸尽力将身子挺直，为我俩遮风挡雨。我和姐姐对望了一眼，突然很想哭，父亲宽大的后背就是父爱的证明吧。

回到家时，雨已大如瓢泼，可妈妈还未回来。摩托车已经骑不成了，妈妈只能走回来了，这可怎么办啊？万一妈妈摔倒了怎么办？这么大的雨，万一淋感冒了怎么办？……我和姐姐急得似热锅上的蚂蚁——团团转。想拿把雨伞冲出去，哪怕为妈妈遮一小段雨也好，哪怕给她一小会儿的陪伴也好啊！可爸爸不让。我们想烧点儿热水，做点儿饭，让妈妈回来后能舒服一点儿，却又停电了。老天一直不作美，真气人！

妈妈回来时，已累得上气不接下气，雨水顺着妈妈消瘦的脸庞不停地流着，湿透的衣服紧紧地沾在妈妈瘦小的身体上。看着妈妈被雨淋得难受的样子，我与姐姐都十分心疼。妈妈有支气管炎，不能太累。我和姐姐扶着妈妈进里屋换衣服，爸爸买回来一些方便面、面包之类的食物，这就是我们的晚餐。

019

已近黄昏时分，家里点起了蜡烛，我们四个人围坐在床上，橘黄色的烛光映着爸妈的脸颊，洋溢着一种暖融融的氛围。烛光晚餐，呵，形容这顿饭恰到好处。爸妈互相打趣说着一些彼此的往事，那个年代特有的回忆。爸爸像是喝了清醇的酒，嘴角露出了笑意；妈妈笑得甜蜜蜜的，好像花儿开在春风里；我和姐姐相视一笑，霎时觉得欢乐像潮水一般涌进了心房，直挤得它不能喘气。真想把这和谐的一幕永久保留下来！

即使再美好的东西，也并不是永恒的，像那个下午，已无法回去，但那幸福、温馨的感觉，无论如何也不能丢掉。所以，我决定将它永远装进我的记忆里！

中秋读月

叶朗村

月到中秋分外明！中秋月，背负着中华民族悠远的历史和厚重的文化；中秋月，牵动着古往今来一代又一代人的心弦。中秋赏月，是人与月的一场对话，是人与月的一次心灵解读。

金风送爽，丹桂飘香，玉露生凉，银蟾光满，在这个象征着团圆的夜晚，"花好，月圆，人团圆"成了焦点。

然而，月有阴晴圆缺，又怎么会总是完美无瑕？人有悲欢离合，又岂能永远相随相伴？

戍鼓雁声中，清露盈盈的中秋之夜显得格外清冷寂静。"露从今夜白，月是故乡明。"面对一轮皎皎明月，杜甫感物伤怀，在本该万家团聚的月圆之夜，无奈弟兄分散，天各一方，生死难卜，这是何等的凄楚悲凉。

"海上生明月，天涯共此时。"中秋良宵，张九龄望着一轮皓月从东海边冉冉升起，遥想与友人远隔天涯，唯有皓月孤影与己为伴，不觉彻夜难以入眠，可叹他不能掬一把月光赠送朋友，无奈中，只希望在梦中与之相逢！

"但愿人长久，千里共婵娟！"这是苏轼在"把酒问青天"后发出的诚挚祝愿。是啊，纵然远隔千里，只要人平安康健，共赏一轮明媚皎然的圆月，这应该也是另一种相聚吧！

皎皎中秋月，记录了几多欢声笑语，也记录了几多离愁别绪。虽然时光飞转，人心千变，但月却亘古未变，依旧年年岁岁如期展现圆满。

中秋读月，可思可品。月圆月缺，自然变换，循环往复，生生不息。人生又何尝不是如此？得失相依、胜败常在，生命永无止境，可我们往往得意时肆意狂欢、失意时怨天尤人。而月，不管怎样，依然高悬天穹，默默地轮回……

中秋读月，让我们像月一样清朗冷静，不以物喜，不以己悲！

中秋读月，让我们像月一样晶莹坦荡，去留无意，宠辱不惊！

中秋读月，让我们像月一样心情释然，无论圆缺，坦然笑对！

阳光灿烂的日子

张培为

午后的阳光像甜糖浆般洒在我的身上，我感到丝丝轻松，既温暖，又甜蜜。阳光闪烁着，踩着节奏，从窗户跃下，在我的衣服上投下一枚可爱的吻。

吃过饭，妈妈静静地坐在我身旁，时不时翻弄我的作业，脸上带着一丝浅浅的微笑。我随意地翻看着一本书，这样充满阳光的午后总是我最留恋的。

"嗯……妈，我想洗头了。"我吞吞吐吐，等着妈妈的回答。

"好哇，我去拿桶水，等会儿在前院等我。"我露出了满意的笑容："哈，妈妈真好！"说着，抱着妈妈在她的脸上亲了又亲。不知何时，阳光照进屋子来，我心里感到点点温暖，荡起一阵幸福的涟漪。

妈妈提着满满一桶水从台阶上走下来，坐在我身边，并示意我把头放在她的大腿上。她轻轻地帮我理好头发，生怕弄疼了我，左手握着一把水瓢，舀起水，一点一点地倒在我头上，我感到一丝清凉。那红色的水桶装满了水，那水里装满的可是妈妈的爱啊，水面上闪着阳光……

享受着妈妈的"爱抚"，泡泡不知什么时候从我身旁冒了出来，我不禁伸手想抓住。那个泡泡"爆炸"的一瞬间，我好像身处一个梦幻世界，阳光无处不在。

妈妈熟练地按摩着我的头部，时不时还对我说："妈给你放松放松，不要有太多压力啦！"我轻轻地回答："嗯。"妈妈笑了，那笑容，那嘴角的弧度，像阳光般温暖着我，让我沉浸在那个梦幻世界。

"最后一遍了，要洗完了哦！"妈妈把水轻轻倒在我的发丝，我静静听着水滑过发梢的声音……"好，搞定！来，包上毛巾。"妈妈轻轻把我扶起，柔软的毛巾轻轻接触着我的皮肤。妈妈再用梳子把我的头发梳顺了，木梳穿插在我柔软的发丝间，头发被梳开了，散发着阳光的味道。妈妈发出了啧啧赞叹声："看，我女儿的头发多好，多黑，多亮，多顺……"边说着，还边抚摸着我的头发，一脸欣赏的样子，我笑了。

"来，和妈妈一起晒晒太阳吧。"妈妈与我一起坐在阳光下，让阳光把我的头发一点一点晒干。蓝蓝的天空悠悠飘过一朵白云，阳光洒在我们母女身上。我窝在妈妈的怀里，感受着无尽的温暖，无尽甜蜜的阳光。渐渐地，我在妈妈的怀里睡着了。

梦境里，有充满泡泡的梦幻世界，有甜蜜的"妈妈洗发时间"，有那阳光灿烂的日子……

小院内外

彭杰出

奶奶住在乡下，屋前的小院里种着黄瓜，她搭了个瓜架，瓜秧沿着它向上攀爬。不久，瓜秧上结出了花苞，嫩黄嫩黄的，非常好看。奶奶的小院里，还种着茄子、韭菜、西红柿、蚕豆，郁郁葱葱，特别惹人喜爱。后面种了许多树，杉树、樟树都有。最有意思的是银杏，春天长出一片片碧翠的叶子，就像一把把小扇子，它们在风中摇曳，正使足劲儿在扇风呢！银杏树下的紫荆正在怒放，一团团紫色的花蕾吐露着芬芳。

小院的外边是一片麦田，像铺上了绿色的地毯。正是麦苗拔节的季节，农民伯伯在田里除草、施肥。一阵风吹过来，麦浪翻滚，犹如掀起了万千波澜。稍远，那里种着的油菜开花了，一片金灿灿的，成群的蜜蜂在繁忙地采蜜呢。

院门外有一条小河，站在河边，我情不自禁地感叹：小河边真静啊，连野鸭扑闪翅膀的声音都听得一清二楚；小河的水真清啊，可以看见成群的鱼虾；小河的水真绿啊，仿佛那是一块无瑕的翡翠。河的两岸是高大的白杨树林，拖着长长的像锦缎似的尾巴的野鸡，正在树林中觅食。这时，突然窜出一条黑狗，短腿、拖尾的那条，野鸡便尖叫着振翅飞走了。

我和妈妈沿着小河一边采野花，一边捡木柴。爸爸呢，他在河边钓鱼，也不知有什么妙招，就看见鱼竿不断地提上来，一会儿，小桶里就装满了鲜活的小鱼。等到夕阳西下，我们便戴着花环，抱着木柴，拎着鱼桶满载而归了。

傍晚，我们坐在院子里，喝着奶奶亲手熬煮的鱼汤，品尝着各种野菜蔬果。仰望天空，天空就像一块青石板，缀满无数颗眨眼的星星。鸟儿在桂花树上低唱，野花倾吐着淡淡的清香，小院里满是风景，满是亲情，那是休憩的天堂。

白鹭飞飞

章 迪

"西塞山前白鹭飞，桃花流水鳜鱼肥。"这是我读过的描绘白鹭自由自在飞翔的优美词句。我从网上查了资料，白鹭属于涉禽类，鹳形目，鹭科，又叫鹭鸶，一般生活在湖沼、稻田中，以水生动物和小鱼为食。它全身的羽毛呈纯白色，黄色的眼睛，尖尖的嘴，颈部和腿又细又长。它总是亭亭玉立，样子十分可爱。

厦门是滨海城市，白鹭随处可见，它是厦门市的市鸟。我家紧挨南普陀寺的五老峰，山后丛林密布，白鹭在那里筑巢。每当夜幕降临的时候，它们从城市上空轻盈地掠过，飞往它们的巢穴，有时还发出一两声鸣叫。如果从厦门大桥入岛，就有机会观赏它们在浅滩上边涉水边觅食的一幕。我去过厦门五缘湾的湿地公园，那里也有许多白鹭，岛内数量最多的是白鹭州公园，毫不夸张地说，那里简直是白鹭的天堂！

我和爸爸、妈妈曾去白鹭洲公园游玩，那里成群的白鹭，有的停在湖泊的岩石上，一边梳理羽毛，一边顾影自怜；有的立在岸边的树上，一边追逐嬉戏，一边呼朋引伴；还有的在空中飞翔，一边与清风流云相伴而行，一边展示各种各样的飞行动作，它们是多么悠然自得啊！

我亲眼看见了一只白鹭捕食的全过程。白鹭像一位足智多谋的渔翁，一动不动地站在水边的石头上，眼睛紧紧地盯着水面。突然，它迅捷地向下俯冲，就像一根离弦之箭，"嗖"地射入水中。"哗啦"一声，水花四溅，我几乎来不及眨下眼，就又拍动翅膀飞离了水面。仔细一瞧，白鹭的嘴里叼着一条活蹦乱跳的小鱼，那小鱼似乎在拼命地挣扎，在灿烂的阳光下，银白色的鳞片闪闪发光。不一会儿，白鹭收起了美丽而修长的翅膀，停落在岸边的一根竹竿上，美美地享受自己的战利品。

可爱的白鹭飞飞，飞在如诗如画的城市梦乡！

曹文轩伯伯来到了学校

朱苏豫

曹文轩伯伯是著名儿童文学作家，他的作品描绘了一个诗意清新的世界，或是乡村傍晚的云霞，或是凄美哀婉的忧伤，或是美好乐观

石榴开花慢慢红

的憧憬，或是天马行空的想象。凡是读过他的作品的人，都能从中获得启示和光亮。

那天，曹文轩伯伯来到了朱棣文小学。同学们脸上都带着自豪的微笑，每个班级都在热烈地谈论着他的作品和人物，大家纷纷猜测让我们魂牵梦萦的曹伯伯的样子。我的脑海里也一遍遍地回放我给曹伯伯的画像，文质彬彬，态度和蔼，谈笑风生……

时间一分一秒地过去，终于，我与曹伯伯面对面了！果然与我想象中一模一样，我从他的眼神里读出了一段段文字，有鼓励，有高兴，有感动。我有千言万语想对他说，可不知从哪儿说起，他似乎知道我的想法，冲我点点头，在我递过去的书上，行云流水般地签下了他的名字。

我呆呆地站在那里，感慨万千，最多的莫过于对自己羞涩的遗憾。我有那么多话，却没有说出口。我想对他说，我总在您作品中读到美好、善良……爱憎分明的桑桑，活泼的小男孩儿皮卡，坚强的农村小姑娘葵花。他们的经历总有不尽如人意的地方，您让我们明白，生活不可能总是一帆风顺，没有苦的陪衬，又怎会有甜的滋味？

每每看到曹伯伯签名的作品，心中都会腾起一点儿小小的遗憾，但是只要翻开它，我就与曹伯伯侃侃而谈，谈皮卡，谈草房子，谈青铜葵花……

阳光总在风雨后

　　曙光往往就在那最黑暗的时刻降临，而回报也恰恰在你想要放弃的那一刻给予，一个人只要坚持到底，永不放弃，在狂风暴雨之后，总能收获那一缕最美丽的阳光。

指甲花的故事

刘艺朴

　　我们全家都非常喜欢花花草草，所以只要你一进我家的阳台，就像刘姥姥进了大观园——眼花缭乱。你瞧，满地都是婀娜多姿的花儿，时不时还会飘来阵阵清香，仿佛是进入了"人间仙境"一般。其中，指甲花是我看着长大的，挖土、播种、浇水……

　　在播种的第十天，美丽的花儿终于迫不及待地钻了出来，又过了几天，她开始发芽、长叶，看着她那么茁壮地长大，我高兴极了！

　　为了让她不像别的花儿那样"娇气"，我"狠心"地将她"赶出了门外"——放到阳台外面，让她经历风雨，变得更加坚强。

　　每天放学一回到家，我都会第一时间冲到阳台上去看望我的指甲花，遇到烈日炎炎，我就让她多"喝点水"。指甲花也很听话，每次都把水喝得干干净净的。我猜，她一定也知道"花儿离不开水"这个道理。

　　光阴似箭，日子一天天过去了，指甲花也从娇嫩的小婴儿变成了亭亭玉立的大姑娘，开出了粉红色的花朵。不过，指甲花非常有个性呢，她的花朵一半有花瓣，另外一半却没花瓣，可是，这究竟是为什么呢？我也不知道。

　　还记得那天中午，我发现一只可爱的小蜜蜂在娇嫩的指甲花旁飞

来飞去，还不时地钻进花朵里采蜜，你快看啊，那可爱的小蜜蜂在粗壮的茎上爬上爬下，蹦来跳去，实在是可爱极了！我飞奔到书房，拿来相机，悄悄地拍下了这美妙的瞬间，为指甲花留下永远的纪念！

笑靥如花

沂思璇

童年是一封美丽的信，无论怎样保存完好，都将成为回忆。回忆中最温暖、最难忘的是那一张张如花般的笑脸，一个个个性迥异的小伙伴们。

陆嘉宜，文静的女孩儿。她的笑容是腼腆的，眉毛弯弯，嘴角也弯弯。每当同学讲了一个笑话，在大家的捧腹大笑中，最独树一帜的就是她的笑容。她的笑容是那么安静，那么平和，仿佛是清风，又好似清泉，缓缓地流进你的心田，让你有如沐春风之感。

戴维润，时尚的追星女孩儿。她的笑容是快乐的，火辣辣的。她一笑，嘴巴张得老大，眼睛眯成一条缝，就连两叶眉毛都高高地翘起来，有时甚至笑得前俯后仰。她的笑声就像一把火，让我们忍不住都被这把火点燃。

邬为翔，"学霸"级人物。他的笑容不易察觉。他笑起来，眉毛会高高地挑起，眼睛也随之睁大，嘴角微微上扬。但是，这样的笑容往往一下子就消失不见，转眼又恢复到平时严肃的样子。

"嘻嘻"，一阵诡异的笑声响起。这笑声来自蒋轩逸——我的同桌。每当听到这样的笑声，就知道他又在捉弄人了。要么藏铅笔盒，要么在同学的帽子里放纸条，他的把戏总是那几样。瞧他笑起来，嘴巴紧紧地抿成一条直线，鼻头一起一伏，脸颊上下抽动着。他的笑容有点儿邪恶，有点儿小顽皮，让人哭笑不得。

笑容洋溢在每一个同学意气风发的脸上，笑声回荡在缤纷有趣的课堂中。每当听到那清脆爽朗的笑声，我就会忆起性格迥异的同学们，忆起我们之间寻常而又不寻常的友谊……

大脚和小脚

张彦帅

爷爷和我一起洗脚，爷爷的脚大，我的脚小。大脚和小脚都泡在暖和的洗脚水里，大脚的皮肤非常粗糙，上面布满了青筋；小脚粉嫩粉嫩，肉乎乎的，可爱极了。爷爷说："孙子的脚越长越大了，我的脚越长越老了。"

小的时候，我不会走路，爷爷抱着我，温暖的双臂紧紧地搂着我小小的肩膀，我的小脚站在他宽宽的大脚板上。爷爷的脚往前跨一步，我的小脚也跟着跨一步。我们脚贴脚，心连心，我是爷爷甜蜜的负担。

我会走路了，总是趁爷爷不注意的时候偷偷溜出去玩。大脚只能在后面追赶着小脚，小脚身手敏捷，逃得飞快；大脚笨笨拙拙，但追得执着。终于，大脚抓到了小脚，我和爷爷两个人抱在一起，哈哈大笑。

有一天，大脚的旧伤在阴雨天发作了，爷爷疼得整晚睡不着，还贴上了厚厚的膏药。我问爷爷："您这脚上的伤是从哪儿来的？"爷爷说："因为我走的路太多了，而且以前曾经有两双淘气的脚在我脚上跳来跳去，一双是你的，一双是你爸爸的。"原来大脚的伤是这么来的呀！我恍然大悟。

小脚用柔软的脚心轻轻地按摩着大脚的脚背，大脚觉得又舒服又温暖。我对爷爷说："等我的脚更大的时候，我就让您站在我的脚背上，让我的脚驮着您的脚走，就像小时候您驮着我走一样。"爷爷听了，开心地点点头。

老屋的石榴树

施宇佳

十一假期，我前往快要拆迁的儿时住处看了看。循着记忆，拐入小巷，横过一条小路，老屋就在眼前。跨进院子，只见那棵老态龙钟的石榴树枝干遒劲，树叶郁郁葱葱，成熟的石榴咧着嘴，露出红红的籽，一粒挨一粒，像粉红色的水晶，水灵灵，亮晶晶。望着熟悉而又陌生的景象，我的思绪不禁又回到七八年前，和从前那个欢蹦的身影重合在一起。

春天，石榴树吐着嫩芽，不慌不忙地生长着。到了春末夏初，叶长全了，这时的石榴好像攒足了劲，花全绽开了，满树一片火红，像跳动的火苗；又像"日射血珠将滴地，风翻火焰欲烧人"。树下，我捡着飘落的花瓣，聚拢在一起，又猛地撒向天空，像天女散花一样，沉浸在自己的世界。

夏日，石榴树更加枝繁叶茂，绿油油的叶片好像涂了一层蜡；花儿孕育出果实，青青的，像一个个小灯笼挂满枝头。树下，我和爷爷叠着纸船，享受着"荫屋常生夏日凉"。

秋季，沉甸甸的石榴缀满枝头，树枝犹如张满的弓。树下，我们一家人"嚼破水晶千万粒"，享受着丰收的喜悦。

寒冬，石榴树抖落夏日的盛装，露出条条筋骨，承接着漫天飞舞的大雪，凝固成一幅冬日傲寒图。树下，我和爷爷堆着雪人，享受着别样的天伦之乐。

……

"走吧！"爸爸轻声地提醒，把我拉回到现实。别了，石榴树。别了，这株见证我快乐、伴我成长的石榴树。

"放心吧，我为它找到了更好的归宿。"爸爸神秘地说。

虾　趣

李哲翔

"孩子，快把虾洗一下！""好嘞！"我迅速地拧开水龙头，只见虾儿活蹦乱跳，享受着水的清凉。我左挑右选，相中两只虾，决定好好研究研究它们！

这两只虾身披青灰色的铠甲，又尖又大的头大约占了整个身体的一半。头上长着一根锯齿形的长刺，刺上面冒着闪闪的寒光，像一把威风凛凛的宝剑。后面还有两个大刀片，这些都是虾用来攻击和防身的武器。尖尖的头两侧镶嵌着两只圆柱形的凸眼睛。头的前端还长着两对触须，一对触须又细又长，可以捕捉远方的危险信号，一对短短的触须，可以探测近处的东西。当我向虾做出大叫的样子，并碰到短触须的那刻，长触须冲天而起，拼命往后摆动，嘴巴"咕嘟咕嘟"地吐着白沫。

圆鼓鼓的虾身下面前后长有五对脚和五对胸鳍，其中一对大螯有四节，四对普通小脚都有三节。虾的尾巴呈尖锥形，像一把硬硬的锥子，这可是抵御后面来袭敌人的法宝呀！尾巴两侧各有两片尾鳍，我猜想是游泳时用来调节前进方向的吧！

这虾可真调皮！我刚刚把它们放到一起，它俩就气势汹汹地打起架来。起初是那只小虾不小心踩到了大虾的胡须，大虾一怒之下就用大钳去夹它。不一会儿，它们撅起身子，弹跳着扭打在一起。谁也不肯让谁，"啪啪啪"，水花四溅，阳台上一片狼藉。见它们越战越勇，我连忙把它们分开。可这两个家伙，不顾我是它们的救命恩人，一个劲儿地卷弹起身子，把水全溅到了我脸上。我赶紧把它们扔到水池里，甩了个葡萄来逗它们。没想到它们一见葡萄就亮起头顶上的尖刺，发起猛烈的攻击。等我捞出来一看，葡萄已经被它们刺得千疮百孔，惨不忍睹了！我看着哈哈大笑起来。

虾不光好斗，游泳的方式也很奇特。它们在水中一弓一弓地前进着，难怪总是有人用虾来形容驼背者，但虾并非驼背，它弓身子的目的是增加冲力，好让自己在水中更快地前进。我放了一小块肉丝下去，它们便你争我抢，狼吞虎咽地吃了下去。看着眼前的这一幕，我想：虾真有趣啊！

小菲真肥

李文鑫

小菲何许狗也？乃我家超萌狗仔仔是也，她是一只有着纯种血统的防暴犬。小菲刚到我家时，才一个月大，浑身上下没有一点儿杂色，像淋了黑墨水一样，憨态可掬，我一见就喜欢上了它。

不过小菲真名叫老肥，老肥是一个很可笑的名字，但我表示无奈，因为这是她自己选的。刚来的时候，她又瘦又优雅，可是现在，她吃东西狼吞虎咽，一点儿也不顾淑女形象，不久，她就变成了一只胖狗。

无奈我只好让她减肥，我天天找她谈话可她一句也不听，看到我就像看到了香肠，口水流了满地。真是孺子不可教也！莫非狗国里也流行丰腴美？我只好把她想象成杨玉环，可我也没见她哪儿美。原来优雅的爪子变得像火腿，脖子像被别人摁进去似的。

不给她上一节课是不行了。奶奶家有一只银狐狗，真乃绝世美女，狗中西施。只要她一出门，全院子的公狗都为她倾心。我给小菲讲了银狐狗的事，并让小菲向她学习。功夫不负有心人，功夫也不负有心狗。在我谆谆教导了半个多小时后，小菲从快挤没的眼睛里闪出一道亮光——有戏！不过我要测试一下。

我把两碗饭放在小菲面前，告诉她，一碗是多的一碗是少的，吃多的是老肥，吃少的是小菲。小菲毫不犹豫地走向小碗。耶！我刚想给小菲一个拥抱，却看见她优雅地转向大碗。原来她要鱼翅熊掌兼得呀。

现在小菲已无可救药地变成老肥，尽管我每天都用恨铁不成钢的语言教育她，她却一点儿也不在乎。

唉！小菲啥时才能不肥！

桂花飘香

吴熠璇

金秋时节，树叶泛黄，一阵秋风起，落叶满天飞。在这有些萧条的日子里，有一种花却生机勃勃，绽放枝头，彰显生命的活力，也给人们带来无穷的快乐。它一点儿也不张扬，如害羞的姑娘悄悄地躲在浓密的枝叶里，可那浓郁的香味"出卖"了它的存在，它就是桂花。

桂花树不高，但枝繁叶茂。不开花时，到处是绿绿硬硬的叶子，像一把绿色的大伞。开花时节，墨绿色的叶子里夹着乳黄色的小花，花很小很小，像一颗颗小小的星星，灿然地开满整棵树。远远望去，那小花好像闪着黄色的明星；走近一瞧，细小的花苞好似一家几十个人，紧紧地簇拥在一起，说着甜蜜的话语……花虽娇小，可散发的香味却浓烈得很。花开得旺时，虽不说十里飘香，至少周围三五家人家都沉浸在香气中。若是哪栋楼下有一棵桂花树，楼里的人就有福气了。早晨起床，桂花送来一天的好心情；晚上入睡，连梦也是香甜

的。

桂花盛开，浓郁的花香总会吸引手艺精妙的老奶奶们，她们把桂花摇在竹匾上晒上三四天，桂花干了，收在盒子里，酿桂花酒，泡桂花茶，蒸桂花糕，用桂花拌芋头，放在水晶盘里，更会吸引"小馋猫"们围着它转来转去。我还幻想着在布袋里放点桂花，扎起来，做成桂花枕，啊呀呀，多么香啊……

我坐在树下仔细地闻着淡淡的桂花香，竟不知自己要干什么。忽然，一朵桂花如淘气的小精灵落在我的鼻梁上，我使劲嗅了嗅，真香啊！在这样的时节散发这么迷人的芳香，我岂能不爱它，又岂能不为它沉醉……

海 南 之 旅

林颖妍

"妈妈，大海到底是什么样子的呢？很美吧？"在去往海南的路上，我已经问了很多遍这个问题了。"先别急，你很快就会知道了。"妈妈总是耐心地向我一遍又一遍解释着。

终于到达海南了，映入眼帘的是一排排高大油绿的椰子树，空气很清新，到处弥漫着大海的气息。过了半小时左右，我们就到达了三亚的亚龙湾。一下车，我就被眼前的景象给吸引住了：海面上微波粼粼，像一块璀璨的碧玉。海面上泛起了小浪花，更给大海增添了几分美丽。太阳照耀下的海面显得格外耀眼，一道道金光洒在海面上，就好似给大海披上了一层美丽的金纱。

　　我坐在海边，等待着大海开始演奏"海之交响曲"。哦，开始了，先是一阵柔和的、轻快的音乐，海面上卷起的巨浪给这首曲子增添了几分气势；接着又是一阵欢快的音乐，好像是顽皮的风娃娃追逐海浪的声音。"呼呼——"一阵海风拂过我的耳朵，好像在给我挠痒痒。大海好像累了，"交响曲"也停止了，但它看到了沙滩上几个小孩子堆的美丽城堡时，又兴奋了起来，又开始继续演奏曲子了。几朵小浪花卷过来，打湿了我的衣服，海水真清澈啊！不时还有几条小鱼跃出水面来，仿佛在欢迎着我的到来。渐渐地，海真的累了，它停止了演奏，跑去睡觉了。

　　夕阳亲吻着海面，我看得入迷，心里不禁一再感叹："大海，真美！"

当侦探的感觉真棒

戴佳宝

　　小时候，我就特别爱读侦探小说，特别是《神探福尔摩斯》，那里面曲折的情节、离奇的故事和出人意料的结局常常使我入迷。我对书中的侦探更是佩服得五体投地，梦想着自己有一天也能成为一名威风凛凛的侦探，头戴一顶警察帽，身穿一身绿警服，腰间别着一把"佐罗二十响"，迈着铿锵有力的方步昂首挺胸地在警察厅门口踱来踱去，等待着人们向我报案。

　　机会终于来了。一天上午，奶奶急匆匆地跑到我身边，气喘吁吁地说："佳宝，咱家母鸡生的蛋不见了。"我听了连忙跑到鸡窝旁，仔仔细细地搜查了一番，可是一点儿线索都没有。

　　"这可怎么办呢？"奶奶焦急地说。"别着急。"我安慰奶奶，"会找到的。"第二天，我早早地躲在门后面，静静地等待着"偷蛋贼"的出现。可是等了大半天，都没见着"偷蛋贼"的半个人影。"难道是蛋长翅膀飞了？"我不由摸了摸脑门，自言自语道。

　　突然，只听见"哗"的一声，一只老母鸡扑棱着翅膀，迅速从鸡窝里飞了出来，然后若无其事地走出了门。我的脑袋里顿时出现了一个大大的问号：难道是鸡把蛋生在别的地方了？为了证实自己的想法，我小心翼翼地跟着这只鸡，它似乎一点儿都没有察觉到我的存在。走着走着，它到了一个垃圾箱旁突然停了下来，警惕地朝四周看了看，确定没人后快速把蛋生了出来。啊！原来是这样！我双眼发光，猛地扑了上去，一把抓住刚要离开垃圾箱的鸡。我把垃圾挑开一看，呵！好家伙，原来把鸡蛋生在这儿了。鸡"咯咯"地叫着，好像在说："别抓我，我只是想给儿女们找一个安静舒适的家。""走喽！"我笑着说，"得赶紧把这个好消息告诉奶奶！"

装　病

张　玲

　　由于转学回老家学校学习，我与原来的老师同学分别已有两年了。

　　"校园多美好呀，处处有芳草，待到明朝百花吐艳，风光更妖娆。校园多美好呀，处处有芳草，待到明朝果实累累，风光更妖娆……"每当我情不自禁地哼起这首歌，就想起了和同学们相处的快乐时光，仿佛又看到了同学们灿烂的笑容，听到了同学们动听的歌声……

　　有一件事，我一想起来脸上就火辣辣的。那是一个寒冷的早晨，滴水成冰，凛冽的寒风刮在脸上像刀割似的。该上操了，我望着窗外瑟瑟发抖的枯草犹豫起来。我真不想出去呀，可是有什么办法呢？我缩着脖子，心里打起了小算盘。忽然，我想起几天前何珊肚子疼，老师就同意她不做操。于是，我灵机一动，便一手捂着肚子装起病来。我趴在桌子上，头埋得低低的，嘴里不停地哼哼。班主任杜老师正在检查作业，见我这副模样，便关切地问："张玲，怎么啦？不舒服吗？"说着还用手摸了摸我的额头。我装作痛苦的样子点点头。杜老师亲切地说："你别做操了，在教室里好好休息一下。"我松了一口气，悬着的心落了下来，总算躲过去了。我隔着窗子看同学们迎着寒风做操，心想，真够冷的，可是自己在教室里却感到不自在。

　　下了操，同学们围着我问这问那，有的说："你肚子还疼吗？我去给你倒杯热水吧！"还有的说："要不，送你去医院吧！"我连忙说："不要紧的，不要紧的。"课间，同学们都出去玩了。虽然我手脚痒痒，但我怕露馅，还是忍住了，没敢出去。上语文课时，杜老师讲到半截，还走过来搂着我，脸贴着我的脸轻声问道："还疼吗？"我说："疼。""好，先忍忍吧，等课上完了，我让同学们送你回家。"老师的关心让我心里暖洋洋的。杜老师课上得很生动，我听着听着竟忘了"生病"，忍不住举手发言。杜老师不仅表扬我答得好，还说："你们看张玲同学，生病了还积极发言，大家要向她学习。"听了老师的话，我的心里又甜蜜又惭愧。

放学了，该我们组值日。老师对我说："今天，你就别做值日了。""老师，我……"还没等我说完，老师就说："不要紧，你生病了，回家休息吧。黄瑶、杜雪，你们俩送她回家吧。"一路上，黄瑶、杜雪一直搀着我走。为了使我高兴些，忘记肚子的疼痛，她们还一直说笑话逗我开心。我百感交集，只能在心里说：谢谢……对不起……

这件事深深地印在我的脑海里。老师和同学们的关心，像冬日里的一缕阳光，照得我心里暖暖的。

阳光总在风雨后

章路遥

如果你陷入艰难的境地，一切都与你作对，你似乎没有力气撑到下一分钟时，别放弃，再等一下，也许下一秒就可能收获意想不到的喜悦。

"获得第一名的同学是……"看着获奖的同学们脸上那灿烂的笑容，我的心中万分失落，一阵阵酸涩涌上心头，泪水朦胧了我的眼睛，我转身打算离开比赛场地……

早晨，我小心翼翼地揭开纱布，看了看自己的手指，伤口仍然血迹斑斑，周围微微发红。我对着伤口轻轻吹一口气，再用手碰了碰，啊呀，好疼！鲜血从伤口里渗了出来。在医院包扎的时候，医生叮嘱我，千万不能下水，否则伤口会感染发炎的。没关系，这点儿伤

算什么，难不倒我的。我心里暗暗地想。"瑶瑶，听话，不要去比赛了。"妈妈怜惜地说。"不！"我斩钉截铁地说。

比赛前，我开始热身了，我的手激起了一阵阵水花，突然一股钻心的疼在伤口中涌动，水里的漂白粉正放肆地"袭击"着我的伤口。"瑶瑶，不要去比赛了！""千万不能下水。"我的耳边不时回想起妈妈和医生的话，心里矛盾极了："到底比不比？""比！""不比！"在我的脑海中徘徊。突然，我的脑海中浮现出冬奥会上花样滑冰选手张丹的身影，当她重重地摔在地上，疼得泪流满面时，教练示意她退场，她却咬紧牙关从容地说："我们继续。"好一句"我们继续"，它道出了永不言弃、坚持到底的体育精神，道出了一个一个运动员的执着与坚持，追求与信念。对，永不言弃，不管结局怎样，我一定要坚持到最后。

"各就各位，预备！"裁判一声令下，我忍着疼，下了水……我的伤口在水中微微颤抖，心都快蹦到嗓子眼里了，裁判的哨子声响起，我快速地摆动起双臂来，每划一下，便是一阵阵钻心的疼。疼，好疼，伤口的剧痛让我无法正常发挥出自己的水平。"加油，加油，瑶瑶加油。"在大家一阵又一阵热切的呼喊声下，我忍痛游完了全程，结果只得了第四名。

"章路瑶，你真棒。"一位同学的话打断了我的思绪，我莞尔一笑，不好意思地说："看，才第四名，棒什么呀。""不，你在我们心中永远是最棒的！"同学们也都陆续围了上来。妈妈一边温柔地搂着我们的肩膀，一边笑着说："坚持到底不放弃，你真棒。""是啊，第一名并不重要，重要的是你战胜了自己，不放弃。"教练微笑着向我点了点头说。我笑了，笑着笑着，几滴温暖的眼泪从脸颊轻轻流过。

是啊，曙光往往就在那最黑暗的时刻降临，而回报也恰恰在你想要放弃的那一刻给予，一个人只要坚持到底，永不放弃，在狂风暴雨

阳光总在风雨后

之后，总能收获那一缕最美丽的阳光。

我的"修辞"外公

赵 青

稍息，立正，向前看齐。上一站，我们坐上"温馨号"童年泡泡船，在欢乐的时光海洋中来了个快乐大航行。这一站，精彩依旧多多。有趣的"修辞"外公一定会让你收获不一样的快乐新感觉。

还没有跳下粉色泡泡船的小星星们，请加快速度啦。这一次，我们要坐上旋转木马，钻进厚厚的"生活记事簿"去啦。你们，准备好了吗？

我的外公虽然不是语文老师，但是他却十分善用各种修辞。

修辞手法一：夸张。

我的外公最擅长这招儿了，这些"夸张句"没有一句是不夸张的。比如说我在那里吃饭吧，吃了十五分钟，外公就说："你吃饭吃四十分钟啦，都一节课了！"比如说我在吃饭前磨蹭了三分钟吧，外公就生气了："都叫了半个小时还没来吃！"再比如说早上外公叫我起床，对我说："都快九点啦，快起床！"我以为真的快九点了，就慌忙爬起床，一看钟，八点半还不到……你说我的外公说话"夸张"不"夸张"？

修辞手法二：反复。

外公最喜欢这招。所谓反复就是不断重复嘛，你看看这镜头：我

正在做作业，外公走过来："我跟你说啊，这个……"好不容易外公说完了，走开了，可我刚写几个字，外公又走过来："我跟你说啊，这个……"外公说完就走开了，过了没多久，外公又来了。"我跟你说啊，这个……"外公，我真是佩服，您说了这么多遍都没说漏一个字，就像每次说话都用"复制"再"粘贴"了一样，可我的耳朵……

修辞手法三：设问。

老师说设问就是自问自答，目的还是要告诉别人答案。外公这招通常是和上面说的"反复"合在一起用的。再看镜头：我正在做作业，外公走过来："这个你知道吗？我告诉你……"过了一会儿，"这个你知道吗？我告诉你……"没过多久，"这个你知道吗？我告诉你……"外公终于走了，再看我的作业本，像是从水里捞出来的，没错，是从外公的口水里捞出来的。

我的"修辞"外公是不是名副其实啊？

额外的作业

张 凯

正是春暖花开的时节，高速路旁的柳树摇曳着柳枝，柳枝绿得厚实、发亮，忍不住赞叹："呀，好美的柳树呀！"我忍不住对小乐说："咱们折柳枝做个柳笛好不好？"小乐高兴地说："好呀！"

我手脚并用地爬上一棵柳树，小乐也抱着另一棵柳树往上爬。我坐在粗壮的树杈上，顺手折下了一枝，轻轻用手一扭，柳枝的皮和干就分离开来。我把柳树皮的一段捏扁，一只柳笛就做成了。小乐也做好了一只柳笛，我俩坐在柳树上吹着，一唱一和，柳笛美妙的声音悠扬、动听。

我俩陶醉在柳笛声中，眼见太阳落山了。突然，一阵刺耳的汽车的鸣声，我不经意向路上望去，路边停着一辆面包车，开车的美女正朝我们使劲儿按喇叭。我朝小乐做了个鬼脸："快看，开车的美女被咱们的笛声迷住了！"小乐眨眨眼睛，对我说："不对吧，我咋瞅着像咱们的语文老师？"我定睛一看，差点儿紧张得从树上栽下来，小声说："确实是咱们的语文老师，咋办！这顿批肯定少不了。"

老师从车上下来，向我们喊："好小子，怎么爬树了！这么晚不回家，不怕你们老娘担心啊？你两有这功夫，回家每人写篇自命题作文，我就不再惩罚你们啦。"说到这里，老师上了车，又交代说，"记住，明天我要检查你俩的作业！"老师开车扬长而去，身后留下一路烟尘。

我跟小乐无精打采地从树上爬下来，再也没有兴趣吹柳笛，心里一直盘算着，这篇叫人头疼的自命题作文怎么写啊！

登　龟　峰

方　王

龟峰坐落在江西省弋阳县城区南部，它是国家级的风景名胜区，被称为"东方天然的迪士尼乐园"。

我和爸爸妈妈走进游览区，眼前是一片原始森林，很快到了一条名为"龟峰湖"的岸边，抬头望去，第一道景点——双龟戏水尽收眼底。两只形象生动的乌龟，一只大，一只小，嬉戏在"龟峰湖"上，"双龟戏水"由此而得名。

　　走过一片竹林，我们来到观景台。此处有一个桂花园，树丛之上似立着一位"老人"，头部五官如雕刻一般，身体匀称，这就是老人峰。沿老人峰对面的青石板抬阶而上，爬到了一线天。东面山峰上有三只"龟"，一只大"龟"似驮着两只小"龟"成了天然三叠石龟。过了一线天，便是著名的"四声谷"，又过了半个小时，我们才到达"将军楼"。

　　这时，我已筋疲力尽，突然传来"坐轿子喽，坐轿子喽，谁要坐轿子？"的喊声。我感到新鲜，极想一试，正要问价钱，却被爸爸拉住。"怎么，吃不消了？"爸爸似乎有一双"火眼金睛"，一下就看出了我的心思。说着，他指着一个卖矿泉水的小弟弟："这些矿泉水都是他从山下背上来的，人家这么小，还背着矿泉水，都能上来，可你……"我的脸上顿感火辣辣的，好像火烤过似的。猛然我陡生了力气，又继续前进了。

　　后来，我们又游览了东方龟乐园、玉兔峰、骆驼峰……在好汉坡上，我们还看到了"伟人峰"，"伟人峰"恰像毛主席头像，连那颗痣也在，多么形象逼真啊！

　　这次游览龟峰，我不仅观赏了世间罕见的奇峰怪石，而且还得到一个启示，那就是做什么事都不能半途而废，坚持到底就是胜利。

舞 出 风 采

林娜湄

　　明亮的灯光照亮整个广场，一群老年人正在广场中心跳舞。"苍茫的天涯是我的爱，绵绵的青山脚下花正开，什么样的节奏是最呀最摇摆？什么样的歌声才是最开怀……"他们挺赶时髦，这首凤凰传奇的《最炫民族风》，竟然成了他们的最爱，不停地播放着这首歌。每当音乐响起，这群老年人挥动手臂，脚步跟着节拍，时前时后，时左时右，忘我地跳着。他们的舞姿轻盈又整齐，丝毫不逊色于年轻人。

　　这里的舞跳得正热闹，那边又响起了腰鼓声。那些喜欢打腰鼓的老年人，穿着色彩艳丽的服装，跟着音乐节奏打着腰鼓。他们一边击打，一边转着圈儿，还摆出了很多造型。他们越转越快，像一只只飞舞的彩色蝴蝶，围观的人们不禁热烈地鼓起掌来。休息时间到了，他们又三五个聚在一起，也许是切磋技艺，说到兴奋时竟舞动起手中的鼓槌，引来了一片笑声，这笑声传得很远、很远……

　　这时又传来了歌声，一群老奶奶边唱边舞着扇子，一会儿缓缓地弯下腰，一会儿又挺直腰板，容光焕发地从远处走来。她们轻轻地摊开双手，抖动着扇子，忽而以扇子遮脸，忽而又从扇后露出脸来，也吸引了众多的观众。那灿烂的笑容，动人的舞姿，哪里是老年人呀！

　　这一群群老年人尽情地跳着舞，舞出了老年人的风采，舞出了老年人的欢乐。

哈哈，奶奶和妈妈"中计"了

高佳龙

　　吃过晚饭，妈妈拿出几个橘子分给大家，拿了个最大的橘子让我吃。我接过了橘子，一看，它还挺漂亮的，顶上有一片绿叶，像一个调皮的娃娃歪戴着一顶小帽子。我凑上去闻了闻，嗯，有一股淡淡的清香。剥开橘皮，一股浓浓的橘香更加诱人，我的口水都要出来了。我迫不及待地尝了一片，啊，真是甜！我不禁想起电视里的广告词："嗯，味道好极了！"

　　我忽然想到，奶奶和妈妈那么疼我，有好东西该和她们一起分享啊。于是我把橘子塞到她们的手里，说："奶奶，妈妈，你们也吃呀！别只顾着我！"没想到，她们掂着手中的橘子，异口同声地说："还是你吃吧，我怕酸。"我知道她们是舍不得吃，于是就开始想办法了。忽然，我眼睛一亮，有好主意了，我大声嚷嚷："啊！这是什么破橘子呀！奶奶妈妈你们尝尝呀！"一边说一边用手捂着腮帮，做出一副酸倒牙的样子，同时把橘子分成两半放在她们手中。奶奶、妈妈各吃了一片，不解地问："咦？这橘子不是很好吃吗？你怎么说不好吃呢？""你们再尝尝，再尝尝就知道了嘛。"奶奶、妈妈见我那么认真的样子，就又尝了几片。见她们吃得差不多了，我这才一边拍手一边叫："奶奶，妈妈，你们中计了，中计了！"她们就像丈二和

阳光总在风雨后

尚一样，摸不着头脑了，过了一会儿才恍然大悟，说："你这孩子可真是个鬼精灵！"

我笑了，笑得是那么欢，奶奶、妈妈也笑了，笑得是那么甜。顿时，家里充满了欢乐、甜蜜的笑声。

刺猬哈利

司　蕊

有一天，天还没完全亮起来，家里的狮子狗就少见地叫个不停。我随老爸紧张地打开门一看，噢，一只小刺猬正匍匐在门前的青石板上，灰色的针刺凛然地竖着，两只老鼠一样的小眼睛惊恐地对着狮子狗。看到我们，它突然伸开腰背，试图逃走，可猛地一冲，一下子摔倒了。

"看那条腿，"我说，"刺猬受伤了。"

老爸赶紧找来一条干净的旧毛巾，轻轻地裹在它的身上。我大着胆子把它捧起来，还得提防着它可能张开小口咬我。不过还好，它老老实实地缩在毛巾里并未挣扎。那栗色的小眼睛明亮澄澈，尽管透着痛苦与恐惧，还是凛然地瞪着我们。我一下子想起了刚看过的电影《哈利·波特与魔法师》，脱口而出："老爸，这是哈利·波特让魔法师送给我的礼物，就叫它哈利吧！"爸爸笑了。于是，小刺猬就有了新名字。

我把哈利轻轻地放在奶奶盛针线的小笸箩里，央求当医生的老妈抓紧时间给它接腿。爷爷奶奶听说后齐围在身旁。"手脚轻点儿，尽量不要弄疼它！"奶奶轻声而又紧张地说。

老妈用蘸了乙醚的棉球对哈利成功地实施了麻醉后，立刻给它清洗创口。"看起来是狮子狗咬的。"老妈边说边用小镊子除去断裂的碎骨，然后用剪子剪开伤口旁边的几根小刺，以使断裂的骨头完全露出。总共有两处断裂，老妈竭尽所能使骨头结合得完美无缺。最后，老妈仔细地缝好皮肤的切口，将整条腿打上绷带，又用一块小夹板固定好。

手术数小时后，哈利疲惫地睁开眼睛，艰难地看看四周，它试图想站起身，当确定不成功后，终于放弃了。爷爷找来他以前遛鸟的笼子，轻轻地把它托进去。我则拿一块小毯子遮在笼子上，以给它一个隐秘的"私人空间"。

晚饭后，情况简直糟透了，我打开鸟笼倒吸一口凉气——哈利不知什么时候咬断了夹板，而且那脆弱的腿骨感染了，血肉模糊，显然再无修复的可能。别无选择，老妈连夜又给它施上麻药进行第二次手术，截去了它的那条伤腿。

再次等待的过程漫长而又心焦。又过了一整夜，哈利终于有了动静。我拿蘸足了水的毛巾将清水一滴一滴地挤进哈利尖尖的小嘴里，和老爸轮流照看了它整整两天，一点儿不敢放松。

如今，小哈利成为我家的"座上客"已一年有余，要不是担心它仅三条腿无法生存，早就放归大自然了。当然，现在要放生它，恐怕有两个"人"坚决不答应——一个人是我，因为那是哈利·波特送给的礼物，另一个"人"就是它那只曾经的对头狮子狗，因为它们早已忘记了仇恨，成了形影不离的好朋友。

"冰棍儿"妹

张怡宁

"冰棍儿"妹是谁？就是我表妹乐乐呗！她特别喜欢吃冰棍儿，冰棍儿一年四季挂在嘴上，简直吃出了经验，吃出了水平，吃出了学问。不信，这就给你讲讲她的冰棍儿"情结"——

有一次去姥姥家，门还没进就有一股奶香味儿飘来，时不时还夹杂着巧克力香气。不用说，一定是乐乐在吃冰棍儿了。果然，只见她左手一根"小布丁"，右手一根"巧乐滋"，正津津有味地边吃边看电视。两根冰棍儿，看你顾得上吃哪根？没吃的那根准会化掉！哦，你不用为她担心，告诉你吧，乐乐可是吃冰棍儿的"老嘴"了，都吃出经验来了：左手一口，右手一口，左右开弓，这样保证不会化。嘿，真绝！不但如此，这"冰棍儿"妹吃冰棍儿还大有讲究呢——得搭配着吃：左手是巧克力的，右手必须是奶味的；左手是哈密瓜的，右手就必须是香蕉的……

要说光夏天吃，那也配不上"冰棍儿"妹的美名，冬天也敢吃，那才叫名副其实呢！

去年冬天格外的冷，一场大雪下了好几天。雪终于停了，气温也降到了零下八九度。我们和乐乐一家去达活泉公园玩。还没进大门，乐乐不知怎么，忽然心血来潮想起了她的冰棍儿"朋友"，就吵着要

冰棍儿。可这天寒地冻的，哪有卖冰棍儿的呀！乐乐不听劝，一要再要，接着大哭起来，我们大家都开始想办法。

突然，乐乐停止了哭泣，破涕为笑。我正纳闷儿呢，就见她挣脱了大人，冲着一块雪地就扑了过去，趴在地上，张嘴就是一口。我赶忙跑过去，想看个究竟。乐乐正吃得有滋有味，满嘴的雪渣，活像圣诞老人长了一嘴的白胡子。哈哈，她把雪当冰棍儿解馋啦！我忍不住拍着手大笑起来："乐乐好贪吃哦！乐乐好贪吃哦！"看我讥笑她，乐乐噘着小嘴巴很不高兴，趁我不注意，抓起一把雪冷不防就塞我嘴里了。"啊，好冷！"雪水一下子钻到肚子里，冰得我大门牙直打战。

第二天，我肚子开始疼了，乐乐倒好，啥事也没有。瞧这个"冰棍儿"妹，吃冰棍儿吃得身体多结实！

最近听舅舅说，自打乐乐爱上冰棍儿以后，知道了许多冰棍儿的名字，认识了很多字。嘿，真没想到，这个小人儿，吃冰棍儿还吃出学问来了！

林医生的一天

方诗淇

一百年后，互联网已经渗透到了人类生活的每一个角落，林医生的生活也不例外。早晨，他在悦耳的音乐声中醒来，刚走进厨房，冰箱便对他说："主人，主人，冰箱里的牛奶和面包没有了，要不要去买一些？"林医生说："好吧。"冰箱就自动去网上订购了。接着，林医生就去卫生间刷牙、洗脸了。洗漱完毕后，只听"叮咚"一声，原来是门铃响了。他打开门一看，一个机器人提着一袋牛奶和面包站在门外，他接过牛奶和面包就开始吃早餐。

吃过早餐，林医生向楼下走去，打开车门，对汽车说了一句"去医院"，汽车自动从互联网上搜索去医院最近的而且没有堵车的路线，开始自动驾驶。林医生在车上登录电子邮箱，看了几封朋友们从美国寄来的信，得知有一个病人急需他的救治，于是他命令汽车加速，嘎——汽车停到医院门口。

林医生急匆匆地跑向医院的虚拟手术室，打开电脑，进入科研网站，与美国的几个移植专家开了一个会，便开始在假人身上操作手术刀，美国医院里的机器人照着他的样操作着手术刀，手术很快便顺利地完成了。

做完手术，林医生有些疲惫，想要去野外散散心，便走进了医院休息室内的虚拟场景，说了一句"去阿里山"。马上，他看到了蔚蓝色的天空上飘着朵朵白云，白云下飞着几只可爱的鸟儿，脚下踏着松软的小草，周围尽是桃树，远处不时地传来几声清脆的鸟叫，林医生不禁感叹道："真是人间仙境啊！"接着，他又游览了许多个景点，这些景点的风景都很优美，也都各有特色，别具一格。

下班回到家，林医生打开自动购物器，然后拿来吸物筒，在虚拟超市中点击薯片、饼干、蛋糕……不久，便有机器人自动送货上门来了，林医生伸出大拇指在机器人的额头上按了一下，钱已自动付清了。

要睡觉了，林医生打开电脑，进入虚拟实境，他睡在大地妈妈的怀抱中，小草的抚摸中，然后扯下一块白云当被子，竹子们轻轻地为他哼唱着一首首摇篮曲，他仿佛回到了童年，睡在妈妈温暖的臂弯中，欣赏着妈妈灿烂的微笑，聆听着妈妈甜美的歌声，随着一声声甜甜的鼾声，他睡着了。这就是未来一个普通人的生活。

谁知杯中茶，片片皆辛苦

　　看着那清亮的汤色，闻着碧螺春特有的沁人肺腑的甜香，端详着一根根细细的芽苞，我们谁也不忍心喝这来之不易的碧螺春茶。"谁知盘中餐，粒粒皆辛苦"啊！

偷穿高跟鞋

王雪丽

妈妈和阿姨们穿着高跟鞋很好看，我十分羡慕，总想穿一下试试。

星期天上午，爸妈都不在家，我悄悄地关上门，又透过门缝向外看看，料定一时半会儿不会有人来，便赶忙回到屋里。妈妈有好几双高跟鞋，都在床下摆放着，有红的、黑的，还有棕色的。穿哪一双呢？上周妈妈带我回姥姥家，穿的就是那双红的，小姨看见后一个劲儿地夸妈妈有气质，还说妈妈穿上这双鞋走起路来年轻了好几岁呢。对，就穿这双红的！我脱去自己的运动鞋，倚着床换上了那双鞋，脚太小，鞋大，我的脚在里面有点儿站不稳。我站起身来，脚后跟一下子被抬起很多。我一歪一扭地走到穿衣镜前，哎呀，真的觉得胸脯挺得很直，个头高了许多。

我在屋里走了几步后，又觉得别扭，还是没有穿运动鞋舒服。刚打算脱掉，突然想学电视上模特走路的样子，便晃着膀子，扭着屁股，到镜子前，停住，搔首弄姿，做个造型，逗得自己哈哈大笑起来。

我正学模特走路，猛然听到有人敲门，吓得我赶忙屏住呼吸。侧耳听听，好像没有了动静。是爸爸妈妈回来了还是有别的人来了呢？

我赶忙走到床边去脱鞋。哎哟！一慌神，脚脖子扭了一下。我顾不上疼痛，咬着牙脱去高跟鞋，换上自己的运动鞋，慌忙去开门。

"谁呀？"

"是我们，找你玩儿呢。你在屋里干什么呢？害得我们等了这么久！"

原来是几个小伙伴，我一屁股坐在地上。

我是一只有理想的毛毛虫

刘浩然

我是一只毛毛虫，一只出生在叶子下的毛毛虫，一只有理想的毛毛虫。我有一双豆子般的黑眼睛，一个和叶子一个颜色的绿身子。

我的家被一些叶子遮起来，自出生以来，我每天拼命地吃叶子，晚上，睡在叶子下面，我不断地蜕皮，不断地成长着。有一天，我吃饱了，正在数天上的云朵，突然，我看见了一群五颜六色的花蝴蝶。她们的样子非常好看，弯弯的触角在微风中摆来摆去，一对美丽的翅膀不停地扇动着，恍若仙女下凡！我心想：她们小时候肯定不像我们毛毛虫那么难看！我多么想要一双美丽的翅膀。

当我蜕了四次皮，把自己养得白白胖胖的时候，我忽然觉得好困啊，我要为自己准备一张舒适的床。我从嘴里吐出一些白白的丝线，一层一层地铺着，线越来越多，越来越密，光滑又柔软。不久，一个白色的漂亮的茧就完成了，我躺在里面，静静地睡着了，还做了一个美好的梦。我梦到了自己变成了一只美丽的蝴蝶，长出了一双美丽的翅膀，在风中翩翩起舞，每天和同伴们生活在一起，一起玩耍，一起睡觉，一起吃饭，愉快极了……

很多天后的一个早晨，我被鸟儿的歌声唤醒了。我艰难地咬破了茧，费劲地爬了出来，灿烂的阳光映入眼帘。我觉得背上很痒，来到小河边一看，原来我长出了一双湿漉漉的美丽的翅膀！我高兴极了，我也有翅膀了！我开始学着扇动它，一次，两次……我感觉到身体越来越轻，我使劲舞动着美丽的翅膀，慢慢飞起来了！飞到了天空中，仿佛太阳在向我点头，云儿在向我微笑，一只蝴蝶与我擦肩而过，跟我打招呼，我也迎上去和她高兴地交谈。白天，我们在鸟儿的歌声中醒来，一起吃花蜜，一起喝露水，一起在花丛中玩着游戏；夜里，一起睡在花瓣做的床上，每天都是快乐、美好的一天。

我是一只毛毛虫，一只有理想的毛毛虫。

056

AB 面男生

王　晨

有个男生，他就像磁带一样，有AB两面，宛若两人。

看A面呢，他是个聪明的孩子。他热爱学习，上课认真听讲，积极发言。下课了，也很少跟人玩，只是呆呆地坐在一旁想些乱七八糟、稀奇古怪的事。他很爱看书，家里的书柜上有数不清的书，所以他知识丰富，上知天文，下知地理。

他的脑袋里有许多鬼点子，喜欢搞点小发明。有一次，他在科学书上看见了一个小实验——"水果电池"。水果也能当电池用？他觉得十分有趣，就马上做了起来。他找来一些水果、一个小灯泡和几根导线，将导线的一头插在水果中，再将另一头接到灯泡上，但灯并没有亮起来。他不气馁，心想：是不是水果太少而电力不够呢？于是，他找来更多的水果，又用上了硬币和螺丝钉，按照书上的说明反复鼓捣着。终于，灯亮起来了，虽然灯光非常微弱，他还是高兴得又蹦又跳，大声欢呼："我成功了！成功了！"

他很喜欢交朋友，也喜欢帮助朋友。记得有一次他和朋友玩时，朋友被一块厚木板压住了腿，怎么抽也抽不出来。正当朋友焦急万分、束手无策时，他却镇定自若，找来一根木棒，利用杠杆原理将厚木板轻轻撬起，朋友轻松地把腿抽了出来，一场危机化险为夷。

看B面呢，他又是个马大哈，总爱犯糊涂，做什么事都会出点小差错。他最怕考试，因为他很少考高分。考完试，他常常不检查就交卷，结果往往成为"炮灰"。

他有时真的很笨拙。比如那次，妈妈的鞋子脱胶了，要他去拿502胶水。他漫不经心地随手一拿，却不料大拇指被胶水粘住了。他想将大拇指与胶水分开，但毛手毛脚的，竟连左手的大拇指和食指也被粘住了。他一着急，双手拼命地甩，不仅没甩掉，还把胶水洒了一地。

他也常偷点小懒。双休日时，他从来不肯做完作业再玩。就说上次吧，爸爸叫他做作业，可他就是不做，非要出去玩，爸爸拿他没辙。他玩累了才回家，做作业也没心思。有些不会做的题干脆空着，想着让老师明天报答案，自己一抄就行了。但让他万万没想到的是，那次老师没报答案就收上去批了。结果他错得一塌糊涂，还被老师骂了一顿。

这个AB面男生，就是我——王晨。我也纳闷，怎么自己会是个两面人呢？

当一回"小老师"

何晓燕

星期一中午，老师把我叫到办公室，神秘地对我说："晓燕，想挑战一下自己吗？"

"想！"我脱口而出。"那周四你给大家讲授《三亚落日》吧！""啊？"我的嘴立刻成了"O"字形，我的脸"唰"地红如苹果，心中真是忐忑不安：这可怎么办啊？这可是大姑娘上花轿——头一遭啊。但是看到老师信任的目光，我突然想到了《一本男孩子必读的书》中那句名言："害怕危险的心理比危险本身还要可怕一百倍。"我迎着老师那充满鼓励的目光点了点头。

接下来是紧张忙碌的备课时间，老师帮助我把课文的思路和知识点串联起来，然后教给我如何导课、如何衔接每一个知识点、如何拓展知识……老师还告诉我教课的小窍门：在讲台上要情绪饱满，讲课时要铿锵有力，抑扬顿挫，做到吐字清晰，声音洪亮。一定要面带微笑，使得课堂气氛活跃，不要搞得死气沉沉。我没有想到在一节课的背后，老师会有如此多的设计和准备。为了不辜负老师的期望，每次放学回到家后，我都要将教材梳理一遍，对着镜子将讲课的内容原原本本地读上几遍，最后把教材背了个滚瓜烂熟。有的时候说梦话还在背诵知识点呢，连老妈都说我"走火入魔"了。我对自己说："好了，下堂课就瞧我的吧！"

激动人心的时刻终于来了！我在大家热烈的掌声中战战兢兢地走上讲台，看着台下一张张熟悉的脸庞，心中还是一阵阵发怵，虽然早已熟记于胸，但还是忍不住一次次地去看教案。我拿起粉笔在黑板上写字，一紧张字就写得歪歪扭扭的不成样子，声音也有些发颤……老师一直用微笑来鼓励我，我的不安才逐渐地平和下去，慢慢沉浸到讲课里，忘记紧张了。最终，我很流畅地讲完了。同学们用掌声给我这次的初次讲课给予了肯定，我的心里一阵兴奋，这几天的准备总算没有白费。

以前总觉得老师讲课很容易，直到自己走上讲台的时候，才明白那需要花费很多的心血。我们敬爱的老师每天都在为我们兢兢业业、呕心沥血地备课，"春蚕到死丝方尽，蜡炬成灰泪始干。"正是对他们最美好的写照。

当了一次"小老师"，更加深了我对老师的敬爱。

无敌增肥日记

匡昌宇

唉！我堂堂十一岁男儿，体重居然只有二十四公斤。老爸、老妈在心痛、怜惜之余，密谋了一套增肥计划，并对我宣称：增肥效果立竿见影。至于具体实施方案嘛，则只字未透露。

早上，老妈一改平日睡懒觉的习惯，亲自带我到二工区"美食坊"吃米粉。前两天，我偶尔听同学说那里的米粉好吃，回家我也就是那么一说，没想到老妈居然记在心上，并很快付诸行动，真令我感动呀！

"老板，来两碗米粉，一碗小份的，一碗大份的。"米粉很快端上来了，我刚想伸手端那小份的，没想到老妈居然先据为己有，把大份的推到我面前，满脸坏笑地说："不！这才是你该处理的。对了，你可不许浪费哦！"我对着那一大碗米粉哭笑不得。

很快，吃午饭的时间到了，我被请上了桌。嗬，好丰富的一桌菜呀！我平时爱吃的菜全聚在一起了。"儿子，多吃点儿！长胖点儿！"老妈塞给我一个鸡腿，"来，儿子，多吃点儿！"一盘基围虾倒在我碗里。我吃得满嘴流油，老爸老妈则是看得心花怒放。十几分钟后，我滚瓜溜圆地下了桌，老妈奖赏我吃饭"有功"（比平时吃得多，吃得快），终于答应下午给我半小时"网友漫游"时间。

下午五时左右，当叔叔带着妹妹去吃肯德基邀请我作陪时，我的肚子告诉我，早餐、中餐吃下的食物还没有消化完，但老爸老妈极力鼓动我前行。老爸拍拍叔叔的肩头，一本正经地对叔叔说："为了我儿子能早点达到你这水准的三分之一，这顿我请了。"乐得叔叔合不拢嘴。晚上八点二十五分，我兴致勃勃地跨进家门，老妈便拿出"体重仪"，一称，我居然还是二十四公斤！老爸老妈惊得一言不发，傻了。

呵呵！我今天不仅没有增肥，倒是给老爸老妈的腰包减肥不少呢！看来，增肥也要有策略啊！

真假康老师

田 雨

今天，我画了一幅康老师的画像，可谁知道刚刚画完，画就变活了，康老师从画纸上跳了出来。我大惊失色地问："你是谁？""我是你的老师，康林啊。""儿子，该去上写作课了。"妈妈来电话了。我没时间多说，抓起书包就走了。没想到那个康林老师抱起一大堆作业本也跟着我出去了。我问："你干什么去？""上课！"

到了博洋作文教室，我心想：要是两个康老师碰上了，岂不大事不妙？

假康老师抱着作业本走进教室，同学们连忙向假康老师说："康老师好！"我急了："那不是康老师！""你才不是康老师呢！"同学们大声反驳。就在这时，真康老师来了，顿时，屋里所有人（除了我和假老师之外）全都呆了。十分钟之后，大家才回过神儿来。

糟糕，真假康老师吵了起来！

"停！"我大喊，"假的是——"

我之所以没说下去是因为刚才他们不断地变换位置，现在，连我也分不清谁是谁了。其他同学不耐烦了："上课吧！"康老师们只好上课，可这就意味着两个人要一起上课。"同学们——""同学们——""你不能不学我呀？""你这个冒牌货！""凭什么说我是冒牌货，你有什么证据？""你有什么证据？""康老师！"这时，一个声音打断了他们的争吵，只见校长走进了教室，举起一本证书说："恭喜你，你获得了本年度最佳教师奖。"两个康老师立刻走到校长面前，齐声说说："谢谢！"结果嘛，你猜怎么样？校长扔下证书飞一般地跑了。"给我！"他们各自握着证书的一半，谁也不肯放手："是我的！"这样下去可不行，我抢过证书，想出一个好主意："我有办法了，我问你们一个问题，答对者便是真的，上节课的作文题目是什么？"他们一人写下一句话，我一看，傻了，全都是正确答案——《一堂美术课》。我又问："这次作文我得了多少分？"他们异口同声地说："98分！"我的天哪！

这时，教室门被撞开了，一大群人涌了进来，一半是警察，一半是记者，原来校长报警了。记者们忙着拍照，向同学们询问情况，一个记者说："真是天下奇闻！"另一个记者说："炒作！肯定是想以这种方法多招几个学生！"

两个康老师上前要打他们，结果被警察拦住了。警察把两个康老师带回派出所，做指纹鉴定。可令人惊讶的是两个人的指纹竟然也完全相同！又做了血型、DNA等鉴定，可结果是血型和DNA也完全一样。这简直成了一个医学史上的奇迹，最后连医生也无能为力：这两个人没有任何区别！

怎么办，让两个康老师一起上课？绝对不行！

平时一个康老师就把我们折腾得死去活来，现在两个康老师岂不要了我们的命呀？

就在大家一筹莫展的时候，警察搬来了一台测谎器，他打开机器问："谁是真的？""我！""我！"然后我们看到机器上面显示，两个人说的全是真话！

看来，解铃还须系铃人，我灵机一动，回家把那张画有康老师的纸拿来说："冒牌的，回到纸上吧。"呀，只见一个康老师立刻消失

了，纸上出现了康老师的画像。当然剩下的这个就是真的了！

我和同学们欢呼起来，警察和医生目瞪口呆，一场风波终于平息了。

打 嗝 记

薛婉清

今天，我真是倒霉透了，可恶的老天给了我一份特殊的"礼物"，不，准确说是神圣的使命——打嗝。

"嗝……我忍气吞……嗝……声，当我们……在课桌中……嗝……""哇！你太厉害了！一百多个字就打了五十多个嗝，可以去申请吉尼斯世界纪录了！"夏晴打趣道。"哼哼，嗝……这算什么……嗝……"我边打嗝边说。"你想想，你背这么一点儿就用了好几分钟，那要把这篇课文背完的话……小妹啊，你可要有心理准备呀！""就是就是，你背不完我们这一组都走不了，要等好久啊。"我一听，心里算了一下，果真是这样，这篇文章有好几百字呢，恐怕要……"啊！不行，再也不能这么活，我一定要治好……这嗝……"

方案一 保持沉默

我先采取了最简单、最通俗的方法——保持沉默。任凭他们怎么叫，我始终都"不开金口"，紧闭双唇，憋着一口气。即使他们骂我推我，甚至打我，我也是自行车走下坡——踩（睬）都不踩（睬）。"嗝……"可恶，又打嗝了！害得我脸憋得通红，气都快背过去了，"嗝……"哎，第一方案宣告失败。

方案二　大口喝水

自从第一方案失败后，我就苦思良策。同桌主动"献计"："喝水，以前我都是这样，百试百灵。""可是，我，嗝……还是怕嗝……""别耽搁时间了，快——去——！"全部组员齐声喊道。我只好拿着杯子去接水，然后"咕咚咕咚"喝了下去。我灌了几大杯，肚子胀得滚圆。"嗝……"我晕！又开始了！

方案三　猛吸凉风

"打嗝时吸口凉风，然后将嗝一齐咽下去。"这是我们组的"金刚"雷飞鸿出的"金点子"，"这行吗……嗝……"我对他的"金点子"持怀疑态度。但为了治好打嗝，我也只好死马当成活马医了。可是连试了几次都不成功。因为打嗝并没有预兆，我根本不知道什么时候它会来，要么吸了风许久才打嗝，要么打完嗝后才赶忙吸风，很难同步进行。最后"吸风法"也以失败告终。

方案四　说绕口令

"我看还是说绕口令吧。"组长张瑜亲自出马了。"没错，好注意！"全组一致同意。我试了试："对面来个哑巴，手里拿着南瓜……"嘿！果然奏效！我不禁暗喜。"耶！"组员还没来得及欢呼，"嗝……"我撇了撇嘴，无奈地耸耸肩。再一看，嘿，全部组员都已趴在了桌子上……

　　嗝……告诉你吧，我今天在写……嗝……这篇作文……嗝……的时候，还在不停地嗝……嗝……嗝……

"臭脚大仙" 变香记

吴雨柔

　　爸爸平时很少洗脚，是家里有名的"臭脚大仙"。

　　每次，爸爸脱袜子进门的时候，那双臭脚散发的气味便会以迅雷不及掩耳之速充斥整个屋子，我躲在书房看书都忍受不了。其实，为了帮爸爸解决那双臭脚，我和妈妈早有计划了，我们一直都在等待时机，只是由于爸爸平时早出晚归，工作太忙，所以一直没有机会。皇天不负有心人，啊哈，机会终于来了，今天，爸爸破天荒地早早回到了家，还要在家里吃晚饭呢。妈妈忙着在厨房做菜，而我则开始准备为爸爸洗脚。

　　我按照妈妈的指示，先把各种草药倒进洗脚盆里，然后在盆内倒入小半壶沸水，再在盆上封上一层薄膜，让草药充分受热浸泡，以免药气散走。两三分钟后，我把洗脚盆端到客厅，开始给爸爸脱袜子洗脚。

　　"爸爸，我来给你除臭了！"

　　"好啊，看看我的宝贝女儿是怎么给我这双'千年臭脚'除臭的！"爸爸好奇地说。

我先用准备好的药皂给那两只臭脚涂了个遍，然后使劲儿地用手搓啊搓，尤其是脚趾之间的缝儿，那可是藏臭的地方。等到两只脚都搓完了，我打开脸盆上的薄膜，让臭脚泡入药水中，一股浓浓的药味伴着臭气散了开来。我强忍臭味，蹲下身继续给爸爸搓洗。爸爸称赞道："好样的，不怕脏，不嫌臭，凡事都能入手，这样一定能做成事。"听着爸爸的表扬，我更有信心了，搓脚也更有劲儿了，不一会儿，两只臭脚就被我洗好了。我凑近闻了闻，果然脚上没有臭气了，我兴奋不已，赶紧向妈妈汇报了这一喜讯。妈妈听了，禁不住也乐了。

这时，爷爷从外边回来了，见我帮爸爸洗脚，高兴得合不拢嘴。正在我得意之时，放在化妆台上的那瓶香水进入了我的视线。"咦，对了，我要让爸爸的脚变香！"我灵机一动，三下五除二，就用香水把爸爸的脚喷了个遍。"啊，好香啊！"我沾沾自喜地说道，引得全家哈哈大笑。最后，爸爸举起大拇指，啧啧称赞我真不愧是"超级无敌洗脚大师"！

我的名字我做主

王 蕾

"丁零零"，杨老师踏着清脆的铃声走进了教室，她眨了眨眼睛，笑容满面地对我们说："你们喜欢自己的名字吗？今天我们来给自己起一个新名字吧！"

咦？新名字？老师的话让大家好奇极了，太棒了，自己的名字自己做主，你瞧，大家都有些迫不及待了呢。

首先，杨老师让我们把自己想好的名字写在纸上交上去。我苦思冥想了老半天，突然，灵光一闪，没错，"玉亭亭"，亭亭玉立的女孩子。

过了一会儿，老师开始点名了："李利、狼毒花、陈雅飞……""到"声此起彼伏，逗得大家哈哈大笑。

第二轮更名行动开始啦，这一回，我郑重其事地把新名字写在了纸上——"全才女"。有了上一次的逗笑经历，这次大家都有了经验，新名字也更有趣了，什么"李逍遥、皮球蛋、滚地瓜、陈斗嘴……"

更有趣的是点到名字时同学们的窘态，你瞧，老师点到"荷花玉"时，薛可妮扭扭捏捏地站了起来，吞吞吐吐地应了一声"到"，还羞答答地捂住嘴，小脸蛋也涨得通红，眼睛呢，笑得眯成了一条线。

盼星星，盼月亮，终于点到我的名字了，大家前仰后合地笑了起来，我却很严肃，干脆地说了声"到"！嘿，这名字，多有深意呀！

最后的环节最有趣，是角逐"记忆之星"，第一个闪亮登场的是杨若昆，只见他胸有成竹地走上讲台，脱口便说出了十五个刚才记住的新名字，听得我们目瞪口呆。

接着薛先虎也大摇大摆地走上了讲台，他点起新名字来就像是项链上的珠子，一个接着一个，嘿，一口气就说出了十六个。

可谁知道半路杀出个程咬金，"狼毒花"一口气就说出了二十一个，苦思冥想了一会儿之后，终于突破了二十二个。大家都鼓起掌来。

最后是我"全才女"，我信心十足地走上讲台，干脆利落就脱口而出了二十二个新名字。"时间到！"老师郑重宣布："'狼毒花'和'全才女'赢。"

今天我真是太高兴啦，不仅有了新名字，而且还成了不起的"记忆之星"。怎么样，我是名副其实的"全才女"吧！

生意合伙人

黄 婷

"公平买卖走正道，顾客点头说声好。回头再来这是宝，做生意讲实在是万年牢。"这是我的好朋友方琳教给我的"生意经"。方琳的商业头脑加上我的爆表颜值，我们的生意做得风生水起。

3月29日，我们学校的"幸福超市"隆重开业了。这间超市十分特别，因为它是由校长一手创办，由总务处独家赞助的。商品一应俱全，可以任大家挑选。但是，我们不是用人民币来交易的，而是用幸福卡。什么是幸福卡？它是"幸福超市"发行的唯一"官方货币"，通过德智体美劳各方面的出色表现，我们可以从老师手中赚得丰厚的幸福卡——真是想想都觉得幸福极了！

瞧！各年级的小朋友们攥着攒了几个星期的幸福卡来消费了！我和生意合伙人方琳合作经营的是"20卡区"，顾名思义，就是用二十张幸福卡换一份商品。不一会儿，一个男生走到了我们的摊位前。"这个需要多少张卡啊？"他指着一个米老鼠铅笔盒问。"需要二十张卡。小弟弟，明码标价，童叟无欺！"我脱口而出。第一次做老板的感觉，就像脚下踩着一朵甜蜜的云。

小男孩听了，低头瞅了瞅手里的卡："太贵了！"说完，他依依不舍地走开了。"唉！"方琳叹了口气，说："是不是可以向老师申请打个折呢，只要价廉物美，就不愁卖不出去。"

　　眼见特价区、5卡区、10卡区的经营者财源滚滚，小顾客络绎不绝，我们这里却门可罗雀，真是急死宝宝了！看到人家面前的卡都堆成一座小山了，我们的钱箱却空空如也，俨然一副刚刚开业就即将倒闭的惨状，我和方琳的内心几乎是崩溃的。

　　坐以待毙不是方琳的风格，她开始卖力地吆喝："随便挑！随便选！全场卖二十张卡！买啥都二十张卡！二十张卡！你买不了吃亏！二十张卡！你买不了上当！"方琳"给力"的广告语瞬间让回头率飙升。我可不想当"猪队友"，也使劲儿地喊了起来。

　　终于，一位五年级的同学来光顾我们的摊位了。他非常豪爽地递给我二十张卡，兑换了一个魔方。简直太幸运了！我们遇见"土豪"了！接着，又来了第二位、第三位……经过一小时的推销，我们一共"钓"到了八位"土豪"，获得了一百六十张卡的不菲收入。我喜出望外，方琳也兴冲冲地去其他摊位报喜了。

　　点开"朋友圈"，看着那生意兴隆的火爆场面，我和方琳的商业帝国之梦好像充满了质感。有方琳这样的生意伙伴在我身边，我觉得，我只要学会数钱就可以了，哈哈！

我进入了学霸的梦

胡一璇

　　"天灵灵，地灵灵，保佑我考个好成绩！"我在睡前念叨。明天

要进行语数单元测试，老班的暗示再明显不过了：这次考试，难上加难！

都说日有所思，夜有所梦，我真想进入学霸的梦里，看看他们是怎么复习的，再看看他们的"脑题库"里有什么宝题，这样，说不定我就可以顺利通关了！

想着想着，我睡着了……

"啾，啾啾！"一阵奇怪的声音把我吵醒了。我睁开眼睛一看，咦？这些都是什么呀？黑压压的一片！难道是蚂蚁？我再仔细一看，啊，那些小黑点不是蚂蚁，而是各种学科的重点和错题，甚至还有各种类型的题目出题的概率！啊，难道我真的进到学霸的梦里了？对了，新闻里不是说，学霸的笔记卖得很火吗？赶紧把这些"蚂蚁"记下来吧！

我正抄得起劲，所有的笔记忽然一瞬间就没了。"搞什么鬼？"我有点儿失望，"我还没抄完哪！"咦？我怎么换上了一套工程师的衣服？旁边怎么还有人在修路？这情景怎么有点儿似曾相识？这时，我面前出现了一行字：甲乙两队修路，甲乙同时修了×天，乙休息了×天×个小时……这这这，这是最令人胆战心惊的奥！数！题！这时，只听"啾啾"两声，有辆火车向我迎面撞来——火车过桥题！一眨眼，我的手里多了棵树苗——植树问题！再一眨眼，我变成了一只狗，在两个人之间跑来跑去——这是……等等！我怎么是只狗？管他呢！行程问题！

妈呀，可累死我啦！看来，要当学霸，还真是不容易啊！

欢迎来到零食城

包晨昕

　　"欢迎来到零食城!"一阵巨大的吼声将我从睡梦中吵醒。什么?零食城?我往四周望了望,发现不远处有一座用食物建造的城市。这是在做梦吧?我这么想着,掐了一下自己。好痛!我不是在做梦!

　　突然,城市消失了,出现在我眼前的是一片用黄色跳跳糖铺成的沙漠。难道,刚才的城市是海市蜃楼?管他呢,我立马跳进了"沙子"里狂吃起来。谁知道,这里的跳跳糖可非同一般,它们的弹力竟然把我弹上了天。我在空中飘了一阵子之后,稳稳地落在了一片黑色的池塘里。"我不想死啊!我不会游泳!"情急之下,我呛进了几口"黑水"。啊,竟然是可乐!我一口气把池塘里的可乐都给喝干了,一滴没剩。

　　因为喝了太多可乐,躺在池底的我打起了嗝。每一个嗝都喷出了一股强大的气流,我像一枚火箭一样,直冲云霄,又极速下坠——以前我的梦想是当宇航员,现在真的不想了。我冲破了一片又一片云层,每一片云层的缓冲都让我的下坠速度得以减缓,终于,我平安落地了。

　　等我真的来到零食城时,已经是三天以后了。在城门口,两个巧克力卫兵拦住了我："你是外来者，不许进城。"我一看，左边的卫兵是夹心黑巧克力，右边的是夹心白巧克力……片刻之后，我大摇大摆地走进了城里（你们猜得没错，两个卫兵已经在我的肚子里了）。一进城，我就在一个大洞前看到了两条很长很长的巧克力，巧克力底下还铺着饼干呢！我立刻大吃特吃起来。正吃着，洞口突然出现了一列火车！原来，我吃的是火车的轨道！火车出轨了！幸好火车是用棉花糖做的，才没有造成人员伤亡呀。

我就这样在零食城里逛呀逛，吃呀吃，一年后，零食城所有的交通工具都拉不动我了——我太胖啦！

最近比较烦

毕文婧

"最近比较烦，比较烦……"我不停地哼唱着。妈妈不解地问："烦什么呀？""还不是因为她，我实在受不了！"

她是谁？她就是我的邻家小妹妹。她有着一张胖嘟嘟的小脸，一头略显黄色的头发，一对浓眉，一双小眼，一个扁鼻子和一张小嘴巴。样子倒是蛮可爱的，就是举止令人烦呀！

也许是她刚开始观察外面精彩的世界，总是显得活泼有余，矜持不足，常常不顾公共场合的"严肃性"，只要一看见我，就会张牙舞爪地扑到我的怀里，嘴里还大声叫道："姐姐……姐姐！"弄得我够丢脸的（公共场所不能大声喧哗嘛），还弄得我一身黄毛（她的头发

丝），更烦人的是她嘴里老唠叨着"火星语"，谁也听不懂。

她总是很"热情"地到我家串门走动。五一，她又来了。爸爸妈妈总是很好客地欢迎她，而我一看见她，心就凉了半截，心想：我的烦恼又要开始了。

果然，她一来就干了一连串的坏事。她没有换拖鞋就满房间地奔跑，好像皇上驾到，我却像个奴才，她走到哪里，我就拿着拖把擦到哪里。我叫她别跑，可她却跑得更欢了，把我累得上气不接下气！我真是过了一个不折不扣的劳动节！

突然，我房间里传来了撕本子的声音。不好！我有种不祥的预感。冲进房间，看到了一件令我非常恼火的事——妹妹把我的英文本子撕破了。我急了，像恶狼一样扑过去拽住她要赔！她吓得大哭，跑到妈妈那儿去告状，说我欺负她。我当时气得满脸通红，简直要爆炸了！

该吃午饭了，妈妈烧了一桌很合妹妹口味的菜肴。这可把她乐坏了，夹起一个卤蛋就往嘴里送，结果筷子一滑，沾满酱油的蛋直接滚到了我漂亮的裙子上，立刻印上了一朵小"花"。我无奈地皱起了眉头，强压怒火，继续吃饭。好不容易找到了一盘符合我口味的菜——糖醋排骨。结果妹妹也跟我学，专吃这道菜，还抢了好多放在自己的碗里，却一口也没吃，全浪费了，害得我少吃了好几块肉，气死我了！

"最近比较烦，比较烦……"我又哼唱了起来。妈妈理解地说："妹妹还小，你就多让着她吧。"唉，我的烦恼何时才能结束啊？妹妹，你快点儿长大吧！

073

谁知杯中茶，片片皆辛苦

王禹力

好友的外婆家在西山，于是，我们相约一起去赏梅采茶。来到西山，路旁到处是梅花茶树，绿幽幽的茶树掩映在粉色的梅花中，风景如画，香气扑鼻。

一下车，顾不上寒暄，我们就兴奋地背着竹篓，跟着阿婆直奔茶园。放眼望去，层层叠叠的梯田，茶树如绿绸一般延伸，没有尽头。我们在阿婆的指导上，小心翼翼地摘着茶树上冒出的细细茶尖，看着那么嫩嫩的芽尖，我们实在不忍心下手，但看着阿婆熟练地掐下一个个嫩头，我们也投入地采摘起来。一个多小时过去了，腰背酸了，指尖痛了，低头看挂在脖子里的竹篓，浅浅一层茶叶还没铺满底部。阿婆安慰道："这种头拨的碧螺春早茶，熟练采茶工一天也只能采到几两而已。"我们咋舌。这时下起了蒙蒙细雨，阿婆让我们赶紧回去，而她照样在雨中一刻不停歇地采摘着。

中午时分，阿爹在清洗炒茶锅及灶台，准备开炒今年第一锅碧螺春茶。我们异常兴奋，想把茶叶直接倒入锅内，却被阿爹制止了。他告诉我们先得挑拣茶叶，得把茶尖下的一两片细叶儿全掐去，"可是，如此嫩嫩的叶儿呀！""一片不留！必须全部是紧紧的苞儿！"我们几乎是含泪掐去了细细嫩嫩的叶儿，心里暗暗抱怨那些苛刻的茶商、挑剔的茶客了。

又是两个小时过去了，挑拣结束，阿爹开炒。第一道工序是"杀青"，火要旺，但也不是一味地烧。温度高了，茶叶香味会流失，温度低了又无法去除茶叶的青草味及水分。阿爹保持前倾姿势站在灶前，聚精会神地用双手不停翻炒，一边炒，一边不时指挥着："火旺些。""火微些。"青叶里的水分蒸发出来，阿爹已满头是汗，连在旁观看的我们都感到热气扑面。我主动请缨，学着阿爹的样子像洗衣服一样搓揉了几分钟就累得不行，由于翻炒不熟练，茶叶很快有焦味散出，阿爹飞快把茶叶救出，摊开，不停地扇风降温，我的双手也被烫出了泡，匆匆败下阵来。

"杀青"结束，接下来是搓揉，把茶叶在掌心中揉成团，轻轻地，柔柔地。阿爹告诉我们：用的是巧劲，揉的是耐心。摆好后再在锅中翻炒，茶叶逐渐变成一个个绿色的小螺，细细的绒毛惹人爱怜。

四十五分钟后，香气四溢的碧螺春出锅了。阿婆把玻璃杯洗得晶晶亮，给我们每人泡了一杯最新鲜的碧螺春茶。看着那清亮的汤色，闻着碧螺春特有的沁人肺腑的甜香，端详着一根根细细的芽苞，我们谁也不忍心喝这来之不易的碧螺春茶。"谁知盘中餐，粒粒皆辛苦"啊！直到今天，我才真正领悟了这一诗句。

"二宝"和"小胖"

成 淳

我养了一对仓鼠，那是爸爸奖励我的礼物，还给它们做了一个两层的"别墅"，买了许多木屑、浴沙和饲料。

两只小仓鼠一雄一雌，一胖一瘦。它们的毛色是白的，略夹杂着少量的棕色细毛，小小的尾巴藏在毛里，样子很可爱。我给雌的小仓鼠取名叫"二宝"，雄的叫"小胖"。

这两位小客人刚到我们家的时候，有点儿怕生，每天缩在"别墅"的一角一动不动。可是，过了几天，它们的本性就毕露了。

瞧，"二宝"在二楼的小浴房里不停地打滚儿，似乎乐此不疲。原来，它是在洗沙浴呢！真是一只爱干净的小仓鼠。

看，"小胖"在一楼的滚轮上一个劲儿地狂奔，像是在减肥。它每天几乎只喝一点儿水，可还是肥嘟嘟的。它心里一定很渴望减肥成功吧？

它们的伙食可不比我这个小主人差！一日三餐全是新鲜的五谷杂粮、牛奶、豆浆等。

有一次，我把他们的食槽装得满满的，可是转眼间食槽就见底了，它们俩也不见了踪影。我好奇地四处寻找，发现小浴房门口的浴沙已经堆成了一座小山，还有浴沙不断"飞"出来。我掀起浴房，哈哈，里面堆满了粮食。它俩的嘴巴两侧还鼓鼓的，像含着两个小球。原来仓储粮食是它们的一绝，难怪叫"仓鼠"！

小仓鼠经常"一房多用"。浴房不但是它们的粮仓，还是它们的卧室。它们合作搬木屑的情景很有意思：把一大堆木屑揉成一团，一只在前面拉，一只在后面顶，从一楼运到二楼。木屑一路上往下掉，到二楼只剩一点点了。可它们并不懈气，继续搬运。为了节约时间，它们下楼都是坐滑梯下楼的，真聪明！当然，也有出错的时候。有一回，它们误把楼梯当成了滑梯，结果"咚咚咚"地滚了下来，像被摔傻了似的，过了好一会儿才回过神来四处张望，自己都不知道发生了什么事？逗得我哈哈大笑。

小仓鼠给我的生活带来了无限的快乐！

与童年有关的记忆

陈译名

　　小时候，我喜欢坐在夏夜的星空下，望着嵌在星空中的明月，仰视数不清的星星。

　　那时，我总觉得天空就是一张大网，任何东西都飞不过去，而宇宙是在天下面的，否则我们怎能看见太阳和星星呢？

　　大一点了，我在书中看到宇宙是无限的，而地球只是宇宙中的一粒沙子，太阳只是太阳系的中心，太阳系是外星系，宇宙中还有很多星球，许多星球上还有未知的生命等地球上的人去发现。忽然，我有了一个奇思妙想，把纸飞机送到宇宙去。

　　既然有外星人，我就可以折一架纸飞机往天上扔，如果落到另一个星球上，外星人就知道有地球，就会到地球来做客了。于是，我折了张黑色卡纸，叠了一架飞行速度最快，旋转能力最高的飞机，飞了出去，可是过了五天都没有信息。

　　我想到了，是我上面没写上地址。于是，我在飞机中写道：陈逸泽家的阳台，地球。我又把纸飞机飞出去了，等了十天还是杳无音讯，我甚至用望远镜在天空中寻找它的迹象，可是它一去不返了。

　　我又知道了，宇宙是黑的，飞机也是黑的，在宇宙中不是找不到了吗？于是我叠了一架橘色飞机，飞到空中。可是不管我叠多少架，那飞机总是一去不复返。

夜晚又到了，我看着月亮和星星，月亮和星星也看着我。

转眼，童年已过去一大半了！夜晚向天上"发射"飞机的傻事我也不会再做了！想着这一切，莫名的忧伤涌上来了。我的童年啊……

小区里的枣子树

秦康然

秋天，越来越多的枣子、枇杷、无花果都冒了出来。那些不知名的果树，都露出了它们的庐山真面目。在印象中，以前小区里并没有这些果树的。

我家门前的那棵枣树也开始结果，惹得小孩子们驻足观望，甚至迫不及待地跳起来想采几个，而我总像私有财产一样保护它们："别采，别采，还没成熟呢！"这天，我突然发现枣树上的果子少了许多，一定有人采过，不免心里愤愤的。暑假里，我不知忍了多久才控制住不去采那些青果，谁知现在……我越想越气，好像这棵枣树真的是我种的。

这时，一位老爷爷领着一个小女孩儿，拿着长长的竹竿直奔枣树而来，果然被我猜对了，又是来采枣子的。看来拦不住他们，我无奈地在一边看着，讪讪地问："这枣能吃吗？肯定涩嘴的！"哪知小女孩儿激动地嚷着："能吃的，能吃的！昨天，爷爷打了很多，我都吃完了，而且很甜。"说着，她从地上捡起一个塞到我手里，"不信，

你尝尝。"我看着手里的青枣，饱满而油亮，似乎水分很足的样子。但我咽了下口水，也不舍得吃，悄悄地放进了衣兜。

老爷爷高举着竹竿，左一下，右一下，枣子像下雨般唰唰往下掉。小女孩儿配合默契，迅速地捡了起来，不一会儿就装满了口袋。我实在忍不住，也蹲下来四处找寻青枣，这有一枚，又找到一枚……难以名状的喜悦充斥心头，到后来几乎是在进行捡枣大赛了。一阵风吹来，枣树的枝叶摇晃起来，似乎它也被我们感染，与我们共同分享收获的喜悦。

我满载而归，心里无比愉悦，跨进家门就大声嚷嚷："爷爷，看我采了什么……"话没说完，爷爷也像变戏法似的拿出一堆无花果，得意地说："看看，爷爷给你采了什么……""啊！"我不禁欢呼起来。

站在窗前俯瞰，小区里的各种果树婆娑起舞，给我们带来了乐趣，生活也被注入了甜蜜的味道。

079

奇 妙 的 梦

曹韵艺

一辆列车从远处飞驰而来，这是开往天堂的列车。阿紫和阿蓝乘上了列车，奇怪，我怎么也在车上？

恍恍惚惚之间，列车穿越了时空，竟然到达了天堂。这时，我们面前出现了一位天使，她轻声地说："今晚十二点之前，你们去'梦想之地'，这是一个神奇的地方。你们在那里摘下一片魔叶，只要向它许愿，就能够解除'别去五厘米之外'的诅咒，也才能回到球球小妖谷。如果超过十二点，魔法就会消失，意味着你们将不能回去。记住，想象力就是钥匙！"

天使说完就消失得无影无踪，眼前有一扇金色大门，门外一条大道通往"梦想之地"，那里一片贫瘠，没有一棵树、一根草，就像一片沙漠。阿紫和阿蓝希望这里变成一个美丽的世界！我也兴奋地说："最好有神奇的东西！" 没想到，我们从这里走过，脚下竟然长出了小草、小花，还有一棵棵小树。

我十分惊讶，"怎么会这样呢？太神奇了！"我们继续往前走，忽然飞来一只蝴蝶，丢下一只盒子，里面有瓶子、苹果、纸船和小树挂件。"这些东西有什么用呢？"阿紫说："先留着它！"便把盒子放进了口袋里。

这时，前面突然出现一架滑梯，顺着滑梯滑下去，便到了一座"独木桥"边。那里停放着一辆糖果型小车，车上标有图案：一个圆圈下连着一根像棍子似的东西。阿蓝疑惑地问："这是什么啊？"我让阿紫把盒子中的小树挂件拿出来，它居然是小车的钥匙，"耶，太棒了！"大家高兴得欢呼起来。

我们乘上小车，经过春夏秋冬四个季节，所到之处都有新奇的事物。我们看到热的雪花，它被喷到了天空，五颜六色，变换成各种图案……

突然，阿紫和阿蓝惊叫起来，原来小车到达了终点，没等我们下车，便又坠落到底下的海洋。怎么办呢？盒子中的纸船变成一艘大船，船上有许多动物：长颈鹿、小白兔、小狗……还有许多玩具。阿紫拿出苹果喂长颈鹿，长颈鹿把我们顶上天空，到了热气球上。

阿蓝看到一片魔叶，它离我们那么远，可我们一筹莫展。阿紫口袋里的瓶子又有动静了，从瓶口吹来一阵大风，将我们吹到了魔叶

下，但却没法摘到它。

我仔细地观察这个地方，这里挂着许多塑料球，还有一长串糖果，离魔叶最近的地方是个月亮型的塑料球。"阿蓝，你抓着糖果纸跳到塑料球上，再到那个月亮塑料球！"阿蓝熟练地跳上去，并且摘到了魔叶。

阿蓝兴奋地大叫："我希望解开球球小妖谷的咒语！"小妖谷的咒语终于解开了，小妖们在街上说说笑笑，一点儿都不害怕。天使又出现在面前，对我们说："你们解开了咒语，恭喜你们！"我们异口同声地说："谢谢！"

"唰"的一道亮光。"太阳晒屁股了！双休日也不要睡得太迟，你不是还有读后感要写吗？"妈妈边拉开窗帘边说。哦，我才想起昨晚我看的《别去五厘米之外》，它就放在我的枕边。我一边坐起来，一边喃喃自语："真是个奇妙的梦！"

谁知杯中茶，片片皆辛苦

瓜碎了，爱还在

    绵延不绝的沙丘一直伸向远方，和远处的天空连在一起，真像一片黄色的海洋！我的心一下子就宽阔了起来，高兴得又跑又跳。

幸福绽放的蔷薇花

王庆文

周末，我习惯性地把电脑打开，突然，一个奇怪的网页弹了出来，网页上显示着许多童话故事的名字，仔细一看，网站的右上方有一行小字："欢迎您进入梦幻网，只要您点击任意一个童话故事，就可以成为该故事的主人公，甚至可以改变故事结局。"我一看，心里乐开了花，太棒了，我也可以当童话故事的主人公了。

我思来想去，选了安徒生的《海的女儿》，这是我最喜欢的故事了，这下好了，我可以改变那悲伤的结局了。下一个步骤是选角色，分别是公主、美人鱼还有王子。现实生活中，我是个女孩儿，不如选个王子，当一回男孩儿吧。于是，我选了"王子"这个角色，刚按下"确定"键，我便被一股强大的力量吸进了电脑，此时此刻的我已经穿着豪华的礼服站在船上了，我摸了摸头发，嘿，也不是原来的马尾辫了，太棒了，我果然变成了王子。

可还没等我反应过来，一股巨浪就把船打翻了，我也被抛进了波涛汹涌的大海里。过了好久，当我醒过来的时候，我的眼前站着一位美丽又骄傲的公主，还好，我的记忆并没有消失，我知道是善良的美人鱼救了我，但我还是微笑着对公主友善地点了点头。我的身体渐渐好了起来，可我心里始终惦记着可爱的美人鱼。我独自来到海边，看见美人鱼平静地坐在沙滩上，我知道，现在的她已经失去了甜美的声音。我拉着她的手走进宫里，给她穿上昂贵的轻纱，霎时，我惊呆了，她的美丽谁也比不上。美人鱼微笑着给我跳了一支舞，每个舞步都充分显示出了她的美丽和优雅，但我更多的是心痛，因为只有我知道，她的脚每一次碰到地面，就像踩在利刃上一样痛，但她还是那么卖力地跳着，为了我。我给了她一套男装，这样她就可以不被人发现和我在一起了。

此外，我还想给她一个惊喜，一个巨大的惊喜……

我按照童话里的情节，告诉她我要和公主结婚了，我知道，那一刻，她的心都碎了。

举行婚礼的那天，我当着大家的面问公主是怎样把我从海里救上来时，公主看着我说不出话来。这时，我走到藏在人群中默默伤心的美人鱼身边，轻轻地拉起她的手，将事情的经过说了一遍，不知所措的美人鱼又惊又喜，用力地对我点了点头。于是，美人鱼成了我的新娘，我们举行了盛大的婚礼，那些忧伤的蔷薇泡沫开出了最甜美的花儿……

美人鱼和王子的故事有了新的结局，一个美丽的结局。突然，我的眼前一黑，我又回到了电脑前。我飞快地跑到书柜前，找出那本厚厚的《安徒生童话集》。我翻开《海的女儿》，结局写着：英俊的王子和善良的美人鱼过上了幸福的生活，一直到永远……

瓜碎了，爱还在

和老师交换角色

王国斌

今天早晨，蓝天悠悠，白云朵朵。我一到教室，老师就已经早早地守候在教室里了，不知是什么原因，老师往日的微笑被严肃的神情取代了。我坐到自己的座位上，看了看桌子上放着的试卷，便明白了老师生气的原因。83分，还过得去吧。可老师还是把我叫了起来，批评了一顿。放学了，我仰天长叹："老师呀，能让我和您换一下角色吗？"

刹那间，我发现手上出现了红、绿两个按键。这时天上传来"按动按键，如你所愿"的声音。我真不敢相信眼前的一切，狠狠地掐了一下大腿，"呀！真疼！"这不是梦，我立刻按上面的指示按动了红色键，就在那一瞬间，一道金光遮住了我的眼睛。缓过神来，再定睛一看，我已经端端正正地坐在了老师的座位上，再一看下面的学生，嘿，都是我们班各科的任课老师，这可真是"大年初一吃饺子——头一回"！天助我也，哼哼，我一定要连本带利，新账、老账一起算！"丁零零——丁零零——"要上课了，我一想坏了，我的学识再高，也只是个五年级的水平。但转念一想：听课都听了五年了，没吃过猪肉，还没见过猪跑呀。"道士念经——我照本宣科"。我照着老师平时的样子，有模有样地上起了课，可毕竟我是第一次讲课，心里像揣

了只小兔子"怦怦"直跳。不一会儿，有两个生字把我卡住了。唉！都怪我平时上课不用心，连这么简单的两个生字都没记住，老师不厌其烦地教导我们，而我却把它当成了耳旁风，早知今日，何必当初呢，这眼前可怎么办呀？我是"反贴门神——左右为难"，汗珠一颗颗从脑门上滚落了下来。没办法，我只好瞎编了一个读音，这堂课便草草了事了。

下课了，我用手擦拭头上的汗珠，忐忑不安的心总算落回肚子里了。走进办公室，我又马不停蹄地批改起作业来，我学着老师的样子一本正经地翻开作业本，"筷子夹豌豆——一个一个地来"。可才改了二十多本作业，我的双眼就像"刘姥姥进大观园——眼花缭乱"了。想想老师平时一次就要批阅四十多份作业，还有拼音、生词、作文、练习册、测试卷……可是老师什么时候抱怨过呢？你瞧，老师们写的字端端正正，作文也是有理有据，思路清晰，真情实感，不像我平时不是东拼西凑，就是全文照搬。虽然没有找到老师的把柄，但我却不由自主地笑了起来，估计是在笑自己傻吧。

月亮在白莲花般的云朵里穿行。我已伏案埋头备课了，我时而查阅《教师用书》，时而低头思索教学设计，时而翻阅相关教学辅导书，时而提笔记录，才备了两课，我已是"罗锅拉正——直不起腰"，手腕酸痛，双眼酸胀。唉，当老师太辛苦了！我是"高粱秆挑水——担当不起"呀！不知何时，我已伏在案上，进入了梦乡……

梦中的我赶紧按动绿色键，一觉醒来之后，我已经回到了现实世界。正巧在校园里碰到了老师，老师叫住了我，和蔼可亲地说："王国斌，这次批评你，你一定很生气吧？唉，你们何曾明白老师的良苦用心呢？老师希望你们长大后可以成才，这是我们每一位老师最大的心愿……"说着，老师默默地望着远方。"老师，我明白了。因为我在一次特殊的经历中真切地体会到了当老师的艰辛……"我低下头喃喃自语道。

瓜碎了，爱还在

也玩"悠悠球"

刘容芷

"丁零零……"终于下课了,我和"狮子"还有我俩的"师傅"一起走出了教室。

一到操场上,我们仨便像刚被放出笼子的小鸟儿一样,在操场上欢蹦乱跳。

最近,我们学校刮起了一阵"悠悠球"旋风,不论是调皮捣蛋的"淘气小子",还是成绩优异、乖巧听话的"小淑女",手中都有一个小小的"悠悠球"。一下课,大家都在玩"悠悠球"。

我们当然也不例外,不过不像那些淘气小子们一样玩什么"闪电快打""龙卷风"之类的高难度技法,我们只会一些简单的基本技法。

不过,再简单的技法也得有人教呀!就这样,我最好的朋友侯俪俣便成了我的"师傅",至于"狮子"嘛,她是我的小"师姐"。因为古代"姐"等于"姊",所以"师姐=师姊=狮子"。哈!告诉你们吧,我是硬把她拉过来学的,比赛着学才能进步得更快嘛!

我和"狮子"黄锦,"恭恭敬敬"地等着"师傅"给我们上第一课。只听"师傅"说:"今天我们学第一个技法'球眠法'。"我俩认真地看着"师傅"示范这个动作。她先把绳子套在食指上,然后把

绳子使劲儿一甩，"悠悠球"便忽地往前一冲，垂向地面悬着，就像被施了魔法一样，在原地"呼呼"直转。直到她收球时，小球才"恋恋不舍"地回到她手中。

我和"狮子"看得目瞪口呆，一齐问："难道我们今天要学这么难的技法？师傅饶命啊！"可"师傅"却满脸轻松地说："这可是最简单的了。"我咬了咬牙，跺了跺脚，学！

我学着"师傅"的样子，把绳子套在食指上，然后再把球甩出去。可我的"悠悠球"却一点儿也不听话，我一甩出去，它立刻又弹了回来，劲儿还非常大，几次下来，我的手已经红了。我忍着痛练来练去，可是那个球却三番五次，不，应该说"千番百次"地不听话。看着"狮子"练得越来越熟，我心里急得像小猫在挠。不行，一定要赶上她！

我又把绳子套在中指上练，练了一会儿，球还是不太听话。这时，我们班的那几个"悠悠球"高手走了过来，轻蔑地对我说："小样儿，连这么简单的技法都不会，还想混啊！"

我实在看不惯男生那自大的模样，拼命地练习着：发力，扔出，微收……耶！我的球也悬浮在下面！它飞快地转着，像进入了梦境一般。"我成功了！我赢了！"我激动地喊着。"悠悠球"也在我的手中跳起了舞！

"丁零零……"上课了，我满心欢喜地走进了教室……

甜甜的失败

龚悦茗著

　　运动会开始了，我坐在播音席上边播稿子边看比赛！瞧，我们17班轻而易举就夺取了一个又一个奖项，这不禁让我有点儿飘飘然了。

　　"接力赛开始了！"我连忙丢下满桌的稿件，跑到看台为我们班加油助威。"砰——"发令枪响了，我立刻伸长脖子，唯恐落下任何一个细节。近了，近了，咦，怎么领先的是18班的朱娴？没关系，吴绘雨紧随其后！要交棒了，我的心悬了起来，手把栏杆握得更紧了……汗流满面的吴绘雨紧握接力棒，奋力向前奔去。也许是太紧张了，天啊，吴绘雨竟忘记交棒了！

　　糟糕，我们班落后了一大截。没关系，风雨之后才能见彩虹！再等等吧，该刘翔跑了！他快速接过棒，立即狂奔起来。有趣的是，他竟然边跑边歇斯底里地狂叫着，把我逗得忍不住笑了出来，可那笑容立刻僵在了嘴角，唉，我们班现在还差一个多来回呢，谁还高兴得起来啊。

　　可不管我们跑得多快，始终差了一大截，我的心悬得更高了。望着依旧奋力狂奔的同学，我茫然了……

　　我再次握紧了栏杆。忽然，一阵欢呼声传来，我凝神望去，那是18班在欢呼、在雀跃，而不是我们17班。风暴般的愤怒、失落与悔恨塞满了我的心，把曾经的喜悦卷得无影无踪。

18班是冠军！比赛结束后，我怔怔地盯着跑道，呆呆地立在那儿，立了很久很久……终于，我迈着两条像灌了铅的腿，一摇三晃走出操场。踏进教室时，我惊呆了：一双双红肿的眼睛凝重地望着我。我咬着嘴唇走进去，悄无声息地坐下，心口隐隐地痛。周老师语重心长地说："同学们，我们输了！但是，一次输，不代表永远输。只要我们不放弃，下次就一定能取得好成绩……"

是呀，一次输，不代表永远输。从哪里跌倒，就从哪里站起来。来吧，重新开始吧，即使会有风雨和坎坷，但那又算得了什么呢？有了勇气，有了信心，即使失败，也是甜甜的吧！

当一天爸爸

梁佳凯

梦寐以求的"爸爸"终于被我当上了，大家也许不相信，儿子怎能当爸爸！不信，我就讲给你听。

早上，我爸居然还真的当上了"懒儿子"，都九点了还在床上睡觉。我名义上虽然是"爸爸"，可还是怕爸爸打我呀！既然不能硬来，那就智取。我的脑袋转呀转，终于想到了一个绝妙的好主意，于是大叫一声："啊！十二点了，上班迟到了！"现在都放假了，我只不过是吓唬他罢了。还真灵，看，爸爸猛地一跳，蹦起来了！他惊慌地说："啊！赶快给我裤子！"我暗自发笑，哦，原来当"爸爸"这么威风呀！真让人扬眉吐气。

　　不幸的是，爸爸起来是起来了，可马上醒悟了，又变得慢慢吞吞起来，不紧不慢地穿着衣服。我本想事不关己，高高挂起，可又一想，我可是"爸爸"啊，一家之主，有权利也有责任管。我大吼一声："刷牙洗脸，别磨蹭，这么简单的事就不要我多说了。"可爸爸还在那里揉眼睛。"别揉，去洗脸，脏手会把眼睛揉坏的。"我叽里呱啦地大讲道理，可是老爸仍是一只耳朵进一只耳朵出，说了那么多，等于白说。

　　我一会儿叫"爸，吃饭"，一会儿喊"爸，快点走""爸，看书坐端正"……我说了一连串的话，看来，这爸爸真不那么好当。

　　一天的"爸爸"生涯结束了，我的嘴都磨起了老茧，口中也滴水无存，但觉得形象还不够高大，因为爸爸几次说我："婆婆妈妈，唠唠叨叨。"这话似曾相识，原来我曾经就是这么说他的，我现在才明白爸妈为什么爱唠叨了。

　　"你还当不当爸爸了？"妈妈意味深长地问。

　　"当儿子多好，谁还当爸爸呀！"我决然地说。

　　我将永远记住这一天的感受，那样才会让现实中的爸爸过得舒服一点儿。

饿的滋味

吴雨婧

你尝过饿的滋味吗？今天我可是真切地尝到了，也深切地理解了"饥肠辘辘"这个词语的意思。

早晨，不知为什么，我没有什么胃口，只喝了一小口豆奶，咬了一口油饼，便急匆匆地上学去了。刚到学校，我就觉得肚子里的东西已经消化得差不多了。到了第二节课，整个肚子就像一座空荡荡的城堡，一阵阵饿意向我袭来。顶住，顶住！我握紧拳头。可是肚子丝毫不听使唤，一个劲儿地"咕咕噜噜"乱叫，好像水泡从水池底不断地往上冒。那声音让别人听到了，真够丢脸！我赶紧看看"左邻右舍"，还好，他们都在专心听课，没有注意到我的"窘况"。

哎，该死的"饿魔"让我突然想起了书包里还有一根火腿肠。不，不行，这可是上数学课！忍——就是要面对诱惑不想不看不闻不动。可我实在忍不住了，忍无可忍。美味的火腿肠在向我召唤！我正想伸出手，直觉一束寒光从黑板前射来，林老师正瞪大眼睛看着我！

唉，我真后悔，要是多吃几口油饼，多喝几口豆奶，也不至于受这个罪。我强打着精神继续听课，可没一会儿，就全身发软，提不起劲来。

"丁零零……"下课了，林老师刚走出教室，我就迅速掏出火腿肠，撕开塑料纸，狼吞虎咽地把它吞进了肚子里。

"人是铁，饭是钢，一顿不吃饿得慌。"我终于体会到了这句话的意思！

我是一阵风

周凌婧

哈哈，你问我是谁？什么？你连我都不知道？我可是大名鼎鼎的风呀！这些年来，风神爷爷把我闷在袋子里，今儿，我趁风神爷爷熟睡之时，偷偷地溜了出来。哎呀！这会儿出来，空气可真是新鲜呀！走，去看看多年未见的老朋友。

哇！我看见好多老朋友，有小花、小草、小溪、小树和山神爷爷。我碰了碰小草，小草睁开了眼睛，打了个哈欠，闪闪发光的眼睛在阳光下显得异常可爱。我摸了摸小溪，咦？这昔日里最棒的歌手，这会儿怎么不唱歌了？我吹了一口气，小溪解冻了，"叮咚叮咚"地唱起歌来。哈哈，真不错！我的一口气还有这功能。我抚摸着小花，花儿绽放了，吐出了无尽的芬芳，一张红彤彤的小脸蛋，显得可爱极了。接着，我又来到山神爷爷的面前，咦？怎么连平日里最疼爱我的爷爷也不理我了？哦，原来是爷爷睡着了呀！我拿起一棵狗尾巴草，放在爷爷的鼻子里，稍一移动，爷爷就"阿——嚏"了！"哈哈哈哈哈哈！"我开心地大笑，见爷爷醒了，我又毕恭毕敬地说："爷爷好！"说完，我又撒娇起来，闹着要吃的，要玩的，爷爷被我闹得没办法，只好给了我个野果子解馋。

我调皮地翻了个筋斗，转眼间，来到了田野，哇！好多粮食呀！哎！那群小孩儿在干吗？哦！他们在玩捉迷藏呢！哎呀！这可是我最擅长的游戏了，非得给他们一个下马威不成！"咕噜噜……"我钻进了森林，本以为他们绝对找不到我了，可是，万万没有想到，这些小孩儿好聪明，一会儿就找到我了。后来我才知道：原来，风是无处不在的，人们只要跟着风，就可以立马找到我了。这些人可真够聪明的！

不过，我们风雨一族，偶尔也会闯祸。今天，我来到一个小村庄中，我大口大口地吐着气，想给人们带去清爽。可是，由于太过用力，把满地的灰尘和沙土都吹上了天空，钻进了人们的眼睛和房屋，人们行动不便，连连抱怨。我万分尴尬地跑到另一个镇上，街上的人好多，我顿时忘了刚才的事。我呼朋引友，招来了好多弟兄，一起比赛唱歌，我们快活地玩着，人类可就倒大霉了。我把房子卷上了天空，又从离地面二十几米的地方扔了下来；我把小花小草卷上了天空；我把一棵棵大树连根拔起。人们号啕着，大地哭泣着，就连小鸟也不敢踏进这片"死亡之地"了。我后悔极了，人们一定恨死我了。我哭泣，我惭愧，却怎么也不能改变这里的一切呀！

风神爷爷见我如此顽固不化，再次把我封在了袋子里。可是，我还没玩够呢！等下次，我逃出来时，一定要玩个痛快！还有，我保证，我不会再那么淘气了。

童年琐忆

廖雨欣

　　童年是快乐的，可它却转瞬即逝，我还来不及与它告别，就匆匆在我指缝间溜走，只留下丝丝缕缕美好的回忆。

　　我的老家有一个后院，院子里种着一棵石榴树，那里是我的童年乐园。春天，石榴树抽出了细细的枝条，长出了嫩绿的叶子；夏天，石榴树上的花儿红红的，既像燃烧的火焰，又像绚丽无比的晚霞，更像是一个个在吹奏着美妙音乐的小喇叭；秋天，火红的花朵谢了，长出了一个个小小的石榴，就像一盏盏小灯笼挂在绿叶丛中。过了一段时间，石榴渐渐长大了，等到石榴成熟时，我摘下一个，轻轻一掰，石榴籽儿一颗颗地蹦了出来。石榴籽白里透红，晶莹剔透，好像一颗颗玛瑙似的，好看极了。我馋得直流口水，迫不及待地把它们放进嘴里嚼了几下，酸酸的、甜甜的，那滋味别提有多美了！

　　石榴树下，我常会采几片树叶，做成树叶船，把它放在一个盛着清水的大玻璃鱼缸里，用树枝轻轻地搅动着水，看树叶船随着水波打着旋儿。阳光透过石榴树的枝叶斑斑点点地照在鱼缸里，水面上便泛着点点金光，格外耀眼。

　　这样的日子里，我可以无忧地奔，无虑地跑，还可以无所顾忌地哈哈大笑。若累了，便仰卧在那胜于席梦思的草地上，静静地望着蓝天，丝丝游云，似碧海上的白帆，不停地做着远行的梦；静寂的长空偶尔划过几声欢快的鸟鸣，好听极了。

　　妈妈在后院种了一些菜，这里也洋溢着我童年的欢笑。阳光明媚的下午，我高兴地哼着歌，提着玩具小桶和小铲，蹦蹦跳跳地跟着妈妈去菜园。一进菜园，我便撒开腿向那些新朋友奔去，摸摸这个，捏捏那个，与它们一一问好。我一边好奇地观察它们，一边问："妈妈，你种了些什么呀？"妈妈对我说："这是茄子，这是辣椒，那是西红柿，还有……唉！你自个儿玩吧，我正忙着排葱呢。"排葱？这倒勾起我的兴趣。"妈，我来排葱，你干别的！""好好好，你过来，认真点儿，我过会儿来检查。"妈妈又去忙别的了。我看妈妈刚刚干得那么容易，心想，这一定很简单，便信心十足地干了起来。我拿铲子把土一撬，再把葱插进去。正当我把葱插进土里时，却发现葱底下有几根细长的胡子。我想：这些葱胡子既没用，又碍事，不如把它剪了。想到这儿，我就把葱胡子剪了，再把葱插进了土里。过了一会儿，妈妈从那边过来了，看见菜地边的葱胡子，先是愣了一下，又拔起葱看了看，哈哈大笑起来。我很生气地噘起小嘴："我做得难道不对吗？"妈妈听完我的话，又笑起来，笑够了才说："葱没有根，它能长吗？"就这样，这件事成了大人们的笑料了。

　　明月留给夜空的是美丽的梦幻，小河留给远方的是无私的奉献，而童年留给我的则是美好的回忆。童年是那么有趣天真，却又那样短暂，我们要珍惜自己的美好童年。

牧笛声声

吕 岩

走在绿茵茵的草地上，晚风就如一双温暖的手，轻轻地抚摸着我的脸颊，太阳洒下的余晖映照在小草上，更添了几分生机。抬头一望，啊，已是黄昏！太阳慢慢落下，在远处的小丘上露出了害羞的脸蛋，朦朦胧胧的，好像一个金黄的大橘子，几只贪吃的大鸟也拍着自己矫健的翅膀朝那个方向飞去。脚下只有沙沙的青草声，静寂的草地上空无一人，这声音好像在演奏一场凄凉的合奏。

忽然，远处传来一阵悠扬的笛声，打破了傍晚的宁静。谁会吹奏如此美妙的笛子呢？

伴随着那忽高忽低的笛声，我急切地寻找着声音。果然，在一个草堆里有一个天真的小男孩儿，晚风里，他穿着蓑衣，躺在舒服的草地上，摆弄着手里的一根笛子，时而顽皮地吹奏几声，时而把笛子随手放在一边，抬头看看刚刚升起的月亮。哦，原来是小牧童在吹奏！应该是刚吃完晚饭吧，小男孩儿的嘴边竟还粘着一粒米饭，太可爱了！

当皎洁的月光如同一张银色的大网洒下来时，我才知道，夜晚已经不知不觉地来了。男孩儿似乎已经睡着了，微微的鼾声响了起来。看着他那红扑扑的小脸蛋，我真不忍心去吵醒他。

草地上，只有一些不知名的昆虫在"唱歌"，黑色的夜晚更增添了几分情趣。散步在绿油油的草地上，仰望着头顶上明亮的大圆盘，一首清新欢快的《牧童》在我脑海诞生了：

> 草铺横野六七里，笛弄晚风三四声。
>
> 归来饱饭黄昏后，不脱蓑衣卧月明。

童年味道之菜干饼

刘烨华

在这条小巷的出口处，有一个菜干饼的小摊，从早到晚，风雨无阻。从小学二年级我搬到这里开始，每天放学坐在爷爷的三轮车里，总能吃到一个香喷喷的菜干饼，那焦香咸甜的味道至今仍回味无穷。

一转眼四年了，那个摊子仍旧摆在那里，而我却不再频频光顾，偶尔肚子饿才停下来买一个。看着摊主从容地把面团揉好，塞进肉馅儿，擀平，再把饼贴在炉壁上慢慢烤熟，每一个动作都那么娴熟，脸上永远挂着淡淡的笑容。

菜干饼在炉壁上烤着，颜色也慢慢变化，诱人的香味不断挑逗我的嗅觉，我不禁咽了咽口水。烤好的菜干饼微焦，可以看见里头黑色的菜干与鲜肉，吃进嘴里，菜干与鲜肉的完美结合，不禁让人细细品尝。面饼被烤得有些脆脆的，吃进嘴里别有一番风味，又好吃，又顶饱。细细品味，菜干与肉竟让面饼有了一丝甜味，它不像辣椒与酸醋那样具有刺激性，只是慢慢地在舌尖开出一朵恬静的花，渐渐化去，

回味无穷。

在"花开花谢"中，圆溜溜的饼子只剩一个"月牙"了。四年了，这个菜干饼的味道仍未改变，还是那样鲜美，还是那样咸甜，还是那样焦脆与清香。我庆幸我还能吃到童年的味道，那个味道从未改变，它印在我心里，永不会被遗忘。也许若干年以后，菜干饼的做法与形状会在我记忆里渐渐远去，但在我童年的记忆里总会有那个熟悉的味道……

你在，心安在

许　悦

记忆中的老院子，青苔布满了破旧的围墙，爬山虎在那里蔓延……哦，可千万别忘了那把青藤摇椅……

小时候，我跟着爷爷奶奶一起住。爷爷家有些像古代的民居，前面是大厅和房间，后面是个老院子。院子里摆着一张青藤摇椅，血压高的爷爷总是喜欢坐在上面休息，不然便是欣赏着老院里的花儿。

自从我住过老院后，我便发现，奶奶不论做什么事，每隔两三分钟，便叫一声："老头子。"也不知道爷爷是不是睡着了，久久没有回音。这时，奶奶便会蹒跚地小跑过去。看见爷爷好好地躺在摇椅上，不知是真睡还是假睡，奶奶就会嗔怪道："这老头子……"我发现，当奶奶转身的时候，一抹阳光洒在奶奶微驼的背上……

有时，奶奶叫爷爷的时候，我便会捂住嘴巴，让声音变得沙哑，

应一声："唉。"可不知为什么，无论我用什么方法，奶奶总能识破。奶奶轻轻地抚摸着我的头，责怪道："你这个傻丫头……"我不满地嘟起小嘴问奶奶："为什么你要不停地喊爷爷呢？"奶奶满脸慈祥地说："丫头，你不懂的，只有看见他好好的，我才安心……"

"啪嗒"，一滴泪水落进了我的心中，润湿了我的心。不需要什么甜言蜜语，不需要什么豪言壮语，只有一句："只有看到他好好的，我才安心……"

一下子，我好像明白了很多，不为别的，只要你在，我才安心。我突然发现，那天的阳光，特别温暖，特别温馨……

瓜碎了，爱还在

张梓珏

爸爸带我们去新疆看沙漠风光。公路两旁是茫茫的戈壁滩，一直往前就是一望无际的金灿灿的沙漠了。

新疆的天气炎热干燥，我们又热又渴，突然看见公路两旁有很多凉棚，里面堆满了西瓜。爸爸说这里的西瓜最甜了！

来到一个凉棚前，这里的西瓜又大又长，像冬瓜一样，一个一个堆成了小山。一个维吾尔族老奶奶坐在凉棚里，她的脸黝黑黝黑的，满是皱纹，头上裹着一块花头巾，身上穿了一件长裙，光着脚。爸爸走到"小山"前，挑了一个大西瓜："就是它了，一定很甜。"买了瓜，爸爸说："就在这儿吃了它吧。"妈妈说："洗一洗吧，有点儿脏呢。”老奶奶抱起西瓜步履蹒跚地向一旁的水桶走去，谁知“扑通”一声，西瓜掉在了地上，被摔得四分五裂，红的瓤，黑的籽，绿的皮，满地都是。旁边的一群小鸡看见了，一窝蜂地冲了过来，挤着，啄着。老奶奶一下子呆在那里，不知如何是好，双手还是抱瓜的姿势，都忘了轰赶那群鸡了。

爸爸眼疾手快，一手抱起了最大的一块西瓜，说：“别洗了，就吃这块吧，反正我们也吃不了那么多。”我不高兴地噘起了嘴，说：“我可不吃被鸡啄过的，叫她赔一个吧。”“不用，把鸡啄过的切掉就可以了。”说着，爸爸很快把西瓜切好了，大口地吃了起来，我只好不情愿地吃了起来。

吃完后，爸爸又买了两个大大的西瓜带上了车。爸爸看了看闷闷不乐的我，说：“一个西瓜对我们来说也许算不了什么，但对卖西瓜的老奶奶来说，却是一年的血汗啊！”

车子一直往前开，公路的两侧开始出现了连绵起伏的沙丘，我终于看到了沙漠。赤着脚走进沙漠，细细的、软软的、烫烫的沙子漫过我的脚面，舒服极了。绵延不绝的沙丘一直伸向远方，和远处的天空连在一起，真像一片黄色的海洋！我的心一下子就宽阔了起来，高兴得又跑又跳。爸爸拉着我的手，说：“不管是谁来到这里，沙漠都会热情地欢迎！”我侧过脸来看着爸爸，心里忽然生出敬佩，不禁为刚才的事感到羞愧。从爸爸身上我懂得了：即使对陌生人，也应该有一颗友爱的心。

电风扇里的爱

武利敏

远处吹来秋爽的风，眼看着枫叶在窗外飘零，我已经进入了紧张的期末复习。自习课时，我抬头仰望讲台上方，活动活动酸楚的脖子，看到了那当时大放异彩的风扇与如今落灰的凄凉。我望着那摇摇欲坠的老式电风扇，不禁回忆起了那个酷热的夏天。

虽然岁月如斯，平淡往返的日子我早已模糊不清。但若论在电风扇上的故事的话，那绝对是我班独有的：我班语文课上从不吹电风扇，即使汗流浃背，也要坚守这一份承诺。

这个故事的源头还要从语文老师上说起。

我班的语文老师的姓"文"正好与语文妙不可分。初见文老师时，文老师仿佛是古代少见的文绉绉、饱读诗书的大家闺秀，人如其名。更怪的是，文老师虽略有沧桑，但仍有青春活力，身体强健。但直到那一天……

那天正是六月中旬的炎热时节。我们照例每天在烈日下跑操三圈，"风尘仆仆"地回来，正是风扇大显身手的时候，也是我们好好享受"风吹服务"的时候。每到这个时候，大家都会议论纷纷："这小电扇吹得真不过瘾！""跑操什么时候是个头啊！"同样汗水淋漓的我也在一起咒骂这鬼天气。当我们还没好好地享受时，紧急的上课铃声又响了。这节是语文课，文老师又迈着轻盈的步伐进入教室，看着文老师的身影，我却有种怪怪的感觉。

语文课开始了，电风扇"呼呼"的声音吹走了大家的一点儿热意。怪的是，处于电扇正下方的"风水宝地"处的文老师的脸上也泛着细密的汗珠，眼神也不是以往的目光如炬。正享受凉意的我不禁浮想联翩。突然，一句话打断我的思考。"同学们，咱们可不可以在语文课上关掉讲台上的电风扇。"文老师忍不住了，"我有关节炎、颈椎病，不能吹电风扇……"霎时，大家都安静了。文老师的话语中，虽与以往一样温柔，却多了几分顽强的忍受。话音未落，已有一个人关了电扇，在以后的每节语文课上即使气温高到35度以上也无一人开那电风扇。

在这炎热的夏天，有了爱与责任的陪伴，是那么温馨美好。这个夏天，让人感动，让人难忘。

104

一瓶毛铺纯谷酒

黄夏明

我爸妈在武汉开了个小服装厂，每年暑假我都要到武汉去玩一段时间。今年一放暑假，我就迫不及待地来到武汉。

爸爸接了一大笔业务，要赶活儿，于是赶忙向老家的爷爷求救。爷爷是个老裁缝，他接到电话后，就带着几个车工赶到武汉来帮忙。

快中午了，爷爷马上就要到了。爸爸交代正写作业的我赶紧下楼

去买酒。我临走时他还强调："儿子，买六瓶啤酒，另外，一定要到楼下路口左拐角第二家店里去买一瓶毛铺纯谷酒。"

心不在焉的我根本没听清，也没有多问，拿着钱就走。

离开了那烦人的作业，到了街上，小风一吹，我顿时感觉轻松了许多。我来到小区拐角处的小超市里，买了六瓶啤酒，又随手抓了一瓶白酒，正准备回家，一看旁边的游戏室里有几个小朋友正随着音乐的节奏跳着欢快的街舞。街舞正是我的所爱啊！我一想时间还早，就溜了进去，放下酒，随着音乐跳了起来。

眼看午饭时间快到了，我连忙拿起酒往回跑。我一上楼，就撞见了爸爸，他看见我拿的酒勃然大怒："怎么是这种酒？你怎么去了这么久？还把酒买错了！"

哎呀，我想起来了，爸爸要的是毛铺纯谷酒，可我忘了！我忍不住嘀咕："不都是一样的吗？哪种酒不是喝？多大点事儿！"

"嗯！没错！是小事！"爸爸吼道，火也更大了，"这点小事都做不好，你还上什么学，读什么书，做什么作业？……"

我被吓到了，爸爸平时是很温和的，从来没像今天这样凶过我，我不禁低下了头。

"算了，还是我自己去买吧。"爸爸发了一通脾气之后，深吸一口气，说道。

二十多分钟后，爸爸回来了，手里拿着一瓶酒——毛铺纯谷酒。

不一会儿，爷爷他们到了，大家有说有笑，开始吃饭。这时，爸爸拿出了那瓶酒，拧开，满满地斟了一杯，双手递给爷爷，说道："爸，这酒可是您孙子特地到街上跑了一大圈买来的，他知道您最爱喝老家的这种酒。您平时在家舍不得喝，今天您可得慢点儿喝，细细品味。"

这时我才知道为什么爸爸非要买这个牌子的酒了，原来这是爷爷最爱喝的酒。

瓜碎了，爱还在

"哎呀，乖孙子！"爷爷听了高兴地说，"真没白疼你，你竟然知道我最爱喝什么酒。不错，不错！"

他的几个同伴也齐声称赞道："老爷子，您真有福气！儿子这么能干，孙子又这么孝顺，这孩子将来一定会有出息的。"

爷爷高兴得合不拢嘴，边品着酒，边笑道："那当然，我的孙子一直都很乖，他将来一定会考上名牌大学……"

我听着他们的对话，惭愧极了，本想告诉爷爷实情，可看到大家都非常高兴的样子，也就不忍心破坏了爷爷的好兴致。但，我终于明白了爸爸的苦心，那是儿子对父亲的一片诚挚的孝心。

百善孝为先。爸爸，是您让我记住了爷爷最喜欢喝不太贵的毛铺纯谷酒，我也会记住您最喜欢喝的酒的，等我长大赚钱了，一定给您和爷爷买你们最喜欢喝的酒！

老妈的逻辑

楼彦萱

唉，老妈管我真是管得太多了！什么时候她才能不把我当小孩子啊！我在心里闷闷地想着，手中的纸已经被我撕成了一条条的，可我依然觉得憋气。

世上有一种饿，叫你妈觉得你饿。

"妈，我都说过多少遍了，我在外面吃过了，我不饿！我不饿！我不饿！"我朝着老妈大声喊道。"不行！"老妈严厉地说，一对眉

毛似乎要竖起来了，"你肯定饿了，就算你在外面吃过了，现在肯定也饿了！"

这是我家隔几日就会上演的场景。不知道为什么，老妈总是把我当成小孩子，一点儿选择的权利都不给我。每天三顿饭，总是要求我一顿不落地在家吃。可是，有的时候我已经在外面吃过了好吗？有的时候我已经不饿了好吗？

我一边心里抓狂，一边认命地把老妈端来的饭给吃了。老爸在旁边幸灾乐祸地笑着说："世上有一种饿，叫你妈觉得你饿！"

世上有一种冷，叫你妈觉得你冷。

每当我睁开惺忪的睡眼，迎接新的一天的到来时，耳边总会传来老妈"亲切"的问候："你今天又打算只穿这么点衣服，是不是？"我摇了摇头，无奈地说："老妈，这种天气穿三件衣服就已经够了，不用再多穿了。""这怎么可以！我都穿了四件衣服，你一个小孩子，只穿这么一点儿衣服，肯定会很冷的！"说着，老妈不由分说地拿出一件羽绒背心塞到我手上，"再穿一件背心！"

我的妈呀！今天可是出着大太阳啊，您是想热死我吗？我套上羽绒背心，愤愤不平地想着。我终于深切地体会到什么是"你妈觉得你冷了"！

世上有一种累，叫你妈觉得你累。

"萱萱，快点把手机放下，你玩了这么久，肯定累了！"没等我反应过来，老妈就不由分说地抢过了我的手机。"啊，老妈，我才玩了二十多分钟！""刚玩？你眼睛本来就近视了，还一直玩手机，你不觉得累？"明明是疑问句，老妈却用了相当肯定的语气。"老妈，我知道您是为了我好，但是……但是那篇文章我还没看完呢。"我摇着老妈的手臂撒娇。"不行！"老妈斩钉截铁地说。"老妈……""免谈！"

唉！我只好在心里默默地抹了一把辛酸泪，真是"世上有一种累，叫你妈觉得你累"！

老妈，在您眼里，我永远是小孩子，这固然没错。可是，我饿不饿，冷不冷，累不累，我总有自己的判断，不是吗？如果您什么都替我决定，那我不是成提线木偶了吗？

给另一个丑陋的自己

井清怡

另一个自己，我常常在深夜里碰到她。

她坦诚地坐在我对面，丝毫不带遮掩，她自私、自大、善妒、懒惰、虚伪，她浑身上下都散发着这些味道。

有人的时候，我拼命地把她藏起来，生怕有人发现那个无比丑陋的自己；一个人的时候，我也经常为自己找各种借口，刻意忽视她的存在。

有一天，她突然清晰地出现在我面前，看着我说："我就是你啊。"我非常难过，原来，这个我是这么丑陋！让我自己都厌恶。我逃避她，害怕她，把她锁在心里最深处，不想多看她一眼。

突然有一天，我惊恐地发现，那个丑陋的自己，不见了；而那个外表光鲜的自己却迷路了。我不知道该往哪个方向走，我要到什么地方去……我止步不前，迷惑徘徊。弄丢了那个丑陋的自己后，我失去了对照，也失去了平衡，更失去了鞭策。我这才想到，往往就是那个丑陋的自己的存在，才让我清楚我真正想要什么，才让我明白我真正

应该前进的方向。

　　"你为什么不爱我呢？"她又出现在我面前，这样问道，"我也是你真实的一部分啊。"

　　是啊，为什么我要逃避她呢？尽管她丑陋、自私，但她也是我啊，是我最真实的一部分啊。我为什么不愿正视她呢？想通了这个问题，这一次，我不再逃避，我拥抱了她。我终于愿意接受这个丑陋的自己与那个光鲜的自己并存了。

　　一起上路吧，这次我不会无视你的存在啦。

　　可能有人因为她的丑而向我投来嘲笑的目光，那又怎么样呢？我只知道，有了她，我就有了自我评判的参照物，知道我该往哪儿走。我相信，只要我不抛弃、敢于正视这个丑陋的自己，总有一天，这个丑陋的自己，也会蜕变，变得越来越美。

春 夜 喜 雨

董心妍

　　夜晚不知为何变得无奈，大概是没有雨滴来陪伴它吧……墙角树上的玫瑰低头哭泣，显然，它那美丽的容貌已变得憔悴，它累了。我走上前去，抚摸着它，安抚它的内心：你依旧是最美丽的。虽然被刺扎疼手，但我想，这份痛，该是它的内心斟酌吧！是考虑了很久，很久……太痛，才向我们诉苦。沉默许久，明明要垂下头的它，却还是勇敢地抬起头，重新露出笑容，等待奇迹。看着它那股傻劲儿，我被打动了，跪在它的旁边，与它一起祈祷……

"沙沙沙……"嗯？如此悦耳的声音，夜晚了还有人抚琴？不，是春雨，灌溉着这个世界。它宛如是上天派下的织女，将雨细腻地倾注在人世间，把人类的期望与等待交织于此。它洒下柔情，把那份情与爱交织交错，寄予渴望与幻想，寄予快乐与忧愁。这雨，真及时啊！我露出喜悦的笑容，转身对玫瑰说："瞧！一定要有渴望！睡吧！"轻轻地抚摸了下它，我离开了。

清晨，迎着玫瑰花香，不，不只是玫瑰，还夹杂着其他花香，牡丹、杜鹃、海棠……吸气，闭眼再次站在窗前。闻，花香迎来，交织着喜悦、感激。睁眼，不敢相信这是锦官城，这是花城吧！简直太美了！冲下楼，在路上舞蹈，先是个人独舞，再是每家每户打开的窗子，满路舞蹈的人们。每个人的脸上都是花儿，没有一个人垂头丧气哀叹。

雨啊，你来得可真及时！你可知道，你的到来让我们都变得惊喜；你的到来，装点了整座锦官城。我们真心感谢你！

耍　酷

朱欣桐

真是郁闷啊，我老是被人说像个女生。有一次吃饭，去洗手间时，有一位服务员认真地对我说："小美女，你走错洗手间了！"还有人在作文中写我："两排牙齿整整齐齐的，笑起来有一个可爱的小酒窝，是个标准的花美男。"虽说是赞美我，可听起来却怪怪的。

有一次，我实在忍不住了，就在心里大喊：我不是女的！是男的！为了不再受别人的冷嘲热讽，我下决心开始了耍酷征程。

原本下课只在球场外面看热闹的我，现在开始学踢足球了。我感觉下课这么踢几脚球，才像个小男子汉！踢完足球后的我，真是汗如雨下呀！要是以前我肯定把外衣脱下来，挂在座位上，但现如今，我的做派和以前完全不一样了！虽然我还是脱外衣，但不是把它挂在座位上，而是直接披在身上。这样看起来就像一个威风凛凛的大将军。

当然，别的小细节上也要下功夫。一下课我就抱着拳，把手指使劲儿一摁，发出清脆的"啪啪"声，引得众人频频回首。我心里别提多高兴了：哈！这样才算一个真真正正的男子汉呢！

但好景不长，有一次在去食堂的路上，我握着自己的衣服，往天上抛，然后抬起头来接衣服。谁知，我忘记了头要往前伸，一个不留神儿，带毛的袖口碰到了我的眼睛，一股剧烈的刺痛令我猝不及防，眼泪就像关不住的水龙头一样，不停地往外流。打饭的时候，我还像猫头鹰一样，一只眼睁一只眼闭着，好难受！刚坐下来吃饭，朋友就问我："你眼睛怎么了？"我带着哭腔说："唉！都怪我耍酷！衣服碰到眼睛了！""让你每天耍酷，还敢不敢了！"朋友一边笑一边说我。"不会再这样了！"

当然了！每节课下课，我虽然不耍酷了，但依然和别人去踢足球，去操场上跑步，和别人打打羽毛球，等等。有一次，体育老师抽检50米×8，可我跑了1分48秒，不及格！1分46秒才能过关！于是我以后的每天早晨提前五分钟到校，在操场练习跑步。一个月过后，老师重新抽测50米×8，我居然跑到了1分43秒！哇！所有的男生都为我欢呼！所有的女生都为我竖起了大拇指。

看起来，运动这样的耍酷，更可以让别人觉得我是一个男子汉呢！

妈妈"怕"我

蒋雨瀚

　　我的妈妈三十多岁，戴着一副金丝边眼镜，看上去文质彬彬，聪慧秀气。她说话做事井井有条，在我们家可是老大，爸爸怕她、姥姥怕她，连德高望重的姥爷也惧她三分。我在家里年龄最小，地位最低，我能不怕她吗？

　　但经过我的长期观察，发现妈妈有时候会怕我，比如说：有一天傍晚，放学的时候，天空突然下起了鹅毛般的大雪，冻得我全身瑟瑟发抖，当我走出校门，看见妈妈站在学校门口，身上落了一层厚厚的雪，怀里抱着好多东西，有棉帽子、棉衣……看到我，妈妈小跑过来把棉衣递给我，着急地说："赶紧穿上吧。"我说："妈妈，太麻烦了，快回家吧。"妈妈温柔地说："儿子，我怕你冻着呀，赶快穿上，感冒了怎么办？"唉，我只好穿上了大棉袄，戴上了棉帽子。你看，她这不是怕我吗？

　　一天吃晚饭时，我吃了几口就放下了筷子，觉得头昏昏沉沉的，就想睡觉。妈妈摸摸我的额头突然提高了嗓门说："哎呀，好烫啊！"妈妈赶紧拿来体温计为我量体温，过了一会儿，她一看体温计，立刻惊讶地叫起来："怎么回事，都快烧到四十度了！"扭头对还在吃饭的爸爸说："我怕儿子烧坏了，咱们得立刻上医院！"说完

妈妈叫爸爸背着我匆匆下楼，开车拉我去看医生，到医院后妈妈找了一位最好的医生，给我做了各项检查，抓了药，让我服下。这天晚上，妈妈一宿都没睡，给我量体温，盖被子，不时感觉到她温柔的大手轻轻地抚摸我的额头、面颊。第二天早上，我的烧不但退了，而且感觉精神好了很多。看看妈妈满脸疲惫的样子，我愧疚地说："妈妈，真对不起，我又让你操心了。"妈妈责怪地说："傻儿子，我整个晚上看着你是怕你再烧起来啊！"这时我心里默默地想：妈妈可真是怕我啊！

妈妈怕我的事情可多了，比如：吃饭时，经常把鱼、排骨和青菜夹到我的碗里，嘴里念叨说怕我正长身体营养跟不上；写作业时经常走过来扳正我的小肩膀，说怕我的眼睛近视了；过马路时，她总是紧紧拉着我的手，说怕我有危险……

朋友，听了以上的故事，你觉得到底是妈妈怕我，还是我怕妈妈呢？嗨！不论是妈妈怕我，还是我怕妈妈，都可以用一个字来概括，那就是因为"爱"。

爷爷的呼噜

武冯真

今天，我刚准备睡觉，一阵阵呼噜声便跃入耳中。定睛一看，只见爷爷躺倒在床上"呼呼"大睡。忙碌了一天的爷爷，此刻打起呼噜来真是肆无忌惮啊！辗转反侧之下，我果断找出棉花球塞进耳朵。

瓜碎了，爱还在

然而，好景不长。爷爷的呼噜声似乎具有某种穿透力，我又如此清晰、如此真切地感受到它的存在。像"飞流直下三千尺，疑是银河落九天"那般磅礴，又如"三万里河东入海，九千仞岳上摩天"那般雄伟，闹得我久久不能安睡。我走到爷爷床前，轻轻地捏住爷爷的鼻子，耳边终于清净了一会儿。缓缓松开，爷爷打了个大喷嚏，呼噜声才有所收敛。

"呼噜噜，呼噜噜噜……"我在床上翻来覆去睡不着，呼噜声好吵，简直要破吉尼斯世界纪录了！月亮透过窗户，悄悄地将月光洒进来。莫非，它也想听听那"世界级交响乐"？

我死死地捂住耳朵，还是睡不着啊！松开手，我被迫听到了爷爷的呼噜声之"恐怖篇"：我先听到了一阵近似女人的叫声，然后是风的呼啸声，接着是一阵阵阴森森的狼嚎声……我快速冲向房间，关上门，一想起刚才的呼噜声就毛骨悚然。我真想大喊："爷爷！把你的呼噜声关起来吧！"可隔壁"雷公"依旧"雷声不止"。

也不知过了多久，那呼噜声戛然而止，周围静得出奇。这让我不免生出几分担忧：莫非爷爷醒了？还是，他呼吸不畅？就在我疑惑间，一阵均匀的鼾声仿佛从遥远的地方跋山涉水而来。忽而高昂上去，飘入云霄；忽而低沉下来，遁入谷底……一会儿工夫，声音变得粗犷起来，就像早上码头边的货轮。随着时间的流逝，码头边的繁忙景象逐渐隐去，留下清亮的流水声，一阵阵环绕在耳边……那声音抑扬顿挫，更有此起彼伏的悠扬之美，仿佛乐器奏出的曲目似的。

我渐渐习惯了爷爷的呼噜声，倒觉得它韵味十足。夜，渐渐深了。隐约中，我梦见爷爷每天起早贪黑干活的情景，梦见爷爷用饱经风霜的手递给我热乎乎的鸡蛋饼，梦见在我失意时爷爷朴实的话语："孩子，睡一觉就没事了！"……也许，这呼噜就是爷爷减压的一种方式吧！

响吧，温馨的呼噜声！睡吧，勤劳的爷爷！

我的梦因你而亮丽

　　我与你结下了不解之缘，我的梦也因你而亮丽起来——我的梦又增添了新的内容：将来，不管我从事什么职业，不管我在何处工作，我都希望成为"你"，成为"麦田"的一员。

爸爸的味道

张轲轩

大海的味道是咸咸的，糖果的味道是甜甜的，妈妈的味道是书卷味加上火药味，那爸爸是什么味道的呢？是烟草味？尘土味？酒精味？……在我，都不是，爸爸的味道是浓浓的中药味。

记得很小的时候，爸爸总爱把我高高地举过头顶，我伸长手臂，仿佛蓝蓝的天空近在咫尺。爸爸有时还让我骑在他的肩头。坐在爸爸的肩头，看着来来往往的人从我身边走过，我得意极了。每晚睡觉前，爸爸总会给我一个甜甜的吻，带着爸爸的香吻，我很快便进入甜蜜的梦乡。那时候，每时每刻我都能感受到被爸爸宠溺的味道，甜甜的。可这种甜甜的味道随着那次大地震消失了。

"5·12"汶川特大地震，我的家庭和汶川很多家庭一样，经历了重创，地震中，我的家被夷为平地，爸爸被埋在废墟中。被救出后，爸爸在南京治疗了数月，身体一直未能康复。这一切，让我们家本来就拮据的生活更是雪上加霜。我们一家人挤在十多平方米的板房里。爸爸没有怨天尤人，他乐呵呵地说："房子虽小，但一家人相亲相爱就是幸福。"

从此，爸爸踏上了与病魔持续战斗的征程：再苦的药按时吃下，再痛苦的手术依然挺住，再累的班依然坚持。他以顽强的意志和不屈

的精神，为这个不幸的家庭撑起了一片蓝天。

日子一天天过去，爸爸的身体依然没有完全康复，特别是肺部病痛引起的咳嗽，几乎是如影随形。为了减缓咳嗽时的难受劲儿，爸爸的包里随时准备着止咳的甘草片，有些不适就含一片在嘴里，让咳嗽减缓一些。有一次，早上上学，我依然给爸爸一个离别吻，不料，一股难闻的甘草片味道迅速蔓延到我的鼻子里，这种浓烈的味道令我很难受。我开始有些嫌弃每天早上的离别吻和睡觉前的晚安吻，因为和爸爸亲吻时我都会闻到难闻的甘草片的味道，那是苦苦的、涩涩的味道。

冬日来临，爸爸又病倒了，不停地咯血。他躺在医院里，身上挂着点滴，浓烈的消毒药水的味道扑鼻而来。经历折磨，爸爸糟糕的身体已经无法再承受手术的创伤，医生建议用中药慢慢调理。于是，爸爸开始老老实实地吃中药，希望身体早日康复，不耽误上班。从此以后，家里弥漫着挥之不去的中药味。我曾傻傻地问爸爸："爸爸，中药那么难喝，不喝不行吗？"爸爸笑着说："傻孩子，吃了中药身体慢慢好转，这样才能工作挣钱养你这只小馋猫啊！"那一刻，我才知道爸爸那么坚强地挺着是为了什么！一股愧疚涌上心头，而那股我曾经十分讨厌的中药味也不再难闻了，细闻起来，竟然还有着淡淡的芳香。

多年以来，尽管爸爸的身体一直都很孱弱，但他依然努力工作，用心生活。他赚的每一分钱都是他支撑起这个小家的伟大力量。那一缕缕温柔的药香啊，蕴含着爸爸那拳拳的爱家之情。以后的日子，虽然常常嗅到爸爸身上的中药味，但我已经懂得，那是一股为了养活一家人必须努力活下去的味道。

爸爸的味道，是涩涩的、苦苦的中药味。我不再讨厌爸爸身上的中药味，而且，我渐渐喜欢上了家里弥漫的中药味，那是爸爸特有的爱的味道！

我爱小小的你

张 玲

几年前的一个夏天，你就这样出现在我们家里。

那时候，小小的你让我忍不住疼爱怜惜。你有小小的鼻翼，小小的眼睛，小小的嘴巴，淡得几乎看不见的眉毛，头发湿漉漉地黏成一团，脸蛋红扑扑的。整个的你柔软又可爱！

我把手伸向你，你的手紧紧地攥住了我的手。你的手那么小，小到让我惊奇！

你似乎做什么事都很慢，但你很聪明，看过一遍的动作，便能模仿得像模像样。你很喜欢笑，不管遇到什么事都会笑。摔倒了，磕着碰着了，只要别人搂一搂你，你就小嘴一咧一笑，没事了，又开心地玩去了。你牙长得慢，却总爱吃东西。一旦有吃的，你就会凑过来撒娇。给你了，你就开心得手舞足蹈。你学爬的时候总是身体趴在地上匍匐前进，有时候被逼急了，却只能在原地转圈，手脚乱抓。

我听到你第一声呼唤，看着你第一次走路……陪着你一天天长大，我的心渐渐被你填满。我开始担心你的各种事，怕你因做不好而哭鼻子。

在和你相处的日子里，我渐渐懂得了什么叫姐弟情，那种感觉是一点点积累起来的，无可替代的。

有一件事，让我一直心怀愧疚，很想对你说一声对不起，虽然我不知道你是否还记得。

那一年，你两三岁的样子。我和你在客厅里，你拉着我要一起玩，而我却执拗地要看电视，把你赶开了。那个时候的我，脑子里只有电视节目。我忘了你好奇心很重，忘了你还不懂什么该碰什么不该碰，忘了那个角落还有个开水瓶。当开水瓶落地发出"砰"的一声时，你和我都怔住了。反应过来的我，第一个动作是去喊奶奶，而不是将处于"水深火热"之中的你抱起来……

事情发生后，爸爸妈妈没有过多地指责我。但是看到你被包成熊掌样的小脚小手，我心中升起一阵阵愧疚。

你的伤好了，却留下了淡淡的伤疤，看到那疤痕，我心里总是一阵难受、愧疚。我这个姐姐太失职了！

因为这件事，小小的你，告诉了我什么是责任。

今年，你已经五岁了，也算是一个小小男子汉了。你开始学会替别人着想，开始学会礼让。你是一个小话痨，还是一只不折不扣的小馋猫。你任性，爱哭，爱搞怪。尽管如此，我仍是喜欢着你，不管你有多淘！因为你是我弟弟，是我爱的人。

电话那头的叮咛

饶思洁

"让她无论做什么事都要细心，不要马马虎虎的……"这句话的声音不大不小，刚好从电话那头传到我的耳边。感动间，泪水不经意地滑落下来。

电话那头的叮咛声是爸爸的。

每次我给家里打电话时，拨的往往都是妈妈的号码。都说女儿和爸爸亲，但我却是个例外。倾诉心事也是向妈妈倾诉，向爸爸倾诉是少有的。在我的心目中，爸爸是高大的、严肃的。对于爸爸，我心中总是有种敬畏感，想和爸爸说些心里话却又不敢说，害怕换来的是爸爸严肃的面孔和严厉的话语。和爸爸聊天时，我总是畏畏缩缩的，害怕遭到爸爸的责骂，害怕爱哭的我会忍不住落泪。爸爸看到我流眼泪总是会不高兴，他希望我能够像男子汉一般流血不流泪。可我爱哭，眼泪总是抑制不住。因此，我有委屈有问题从不敢跟爸爸说。

然而，每次我给妈妈打电话时，总是能够听到电话旁爸爸的声音。他有什么想说的话从来都没有直接跟我说过，总是通过妈妈转达给我。

听着我向妈妈倾诉烦恼，将自己的建议告诉妈妈，让妈妈帮助我解决烦恼。这就是我爸爸的风格。

每一句简单的话语，都简洁而朴实；每一声平常的叮嘱，都实用而让人警醒。这些话都温暖着我的心房。爸爸说不出感人肺腑的话语，也没有多么温和的语气，一切都是那么平淡如水，却让我感到无限温暖。虽然电话那头的叮咛听得并不是那么清晰，但当那叮咛声从电话那头传到我的耳边时，我总能感受到那话语里字字句句都透着对我浓浓的爱意。

父爱是低调的，爸爸一般不愿直接表达自己的感情，也不像妈妈那般说话和蔼可亲。

父爱是什么？是我犯错时爸爸严肃的面孔，是爸爸批评我时严厉的话语，是爸爸风雨无阻地接送我上下学，更是电话那头爸爸并不清晰的叮咛声……

电话旁的叮咛声就像隆冬时的羽绒服般温暖着我的心房，伴随着我成长。

爬山虎之美

卫立文

小时候，我总会在爷爷的院子里看到些新玩意儿：一只采食的独角仙，一抹鲜绿的苔藓，一群忙碌的蜜蜂，还有那一片火红的爬山虎……

说起爷爷院里的爬山虎，那可真是一道美丽的风景。

在我们老家，几乎家家户户都会在面向西边的墙根种上一两株爬山虎。它的奇特之处是，它的叶柄上有很多"爪子"，可以牢牢地抓住墙面，这样它就能直立着顺着墙体往上爬而不会掉下去。爬山虎的生命力非常旺盛，初春，它开始抽出新芽，叶柄上的丝状的须像蜗牛的触角一样，伸向墙面，慢慢变成一个小圆盘，贴住墙体，于是，爬山虎便一步一步地往上爬去。过了不久，那爬山虎几乎就占据了半面墙，绿绿的，时而闪着亮光。当夏天来临的时候，它便密密麻麻、层层叠叠地长满了整面墙，不留一点儿缝隙。

春夏之交的时候，每每我来看望爬山虎，都会发现白花花的墙壁又少了一些，生机盎然的爬山虎又往上爬了不少。

爬山虎最好看的时候是在秋天。秋天来了，那绿色的叶子变得一片通红。一枝两枝爬山虎立在墙上体现不出它灿烂的美，要看它的灿

烂的红叶，得看一整面墙。想想看，一墙的爬山虎包裹着房子，多像一片红色的海。走近了，还有一股青草味儿，以及叶子的清香。

一墙的爬山虎，使我不禁感叹，这卑微低贱的生命可真有毅力，在光秃而平滑的墙上，坚韧地向上爬。它不怕吃苦，奋勇挺进，无论前方有何阻挠物，它终会冲出困境。它坚毅，不会轻易就为风雨所打击；它顽强，不管生活环境多么恶劣，它都毅然前进，不会放弃。我曾尝试拔下它傲慢的"脚"，没承想它极为柔韧，我竟没有拔掉。我问爷爷："为何不铲了它，不怕它引来蚊虫或蛇吗？"爷爷看着爬山虎，悠悠地说："铲了干吗？它给人遮阴挡阳，又那么翠绿爽目，是一道不错的风景呢。"

过了几年，爷爷家的房子拆了，那爬山虎没处落脚，也就随砖石倒伏在地上。那曾"占领"整面墙的霸主就这样被消灭了。

可是，爬山虎的精神到现在还盘踞在我的心中，每每我情绪低落、失望时，总会想起爷爷家那曾经辉煌过的爬山虎，连那卑微的生命都生机盎然，乐观向上，我有什么理由灰心丧气、不重整旗鼓呢？我也要努力做一株爬山虎，爬上那面理想的墙！

变成泳池里的青蛙

刘伟博

教练把我抱进水里。我扶着泳池的扶栏小心翼翼地站着，冰凉的池水浸过我的双腿，漫到我的胸前。一阵水浪从背后打过来，顿时我

成了落汤鸡。我回头一看，一位比我小点儿的妹妹"排山倒海"般地游来，她的脑袋一起一伏，腿一张一合，活像一只青蛙，真有趣。我也想快快学会游泳，变成泳池里的"小青蛙"。

我咬着牙，学着小妹妹的样子一只脚浮到水面。可我一抬脚，整个身体像是悬在半空中，头重脚轻，没有了根基。我心里一慌，身子一下倾斜了，双手在水里乱抓，什么也没抓到，整个身子在水里翻了个跟头，池水灌进了我的嘴、鼻，难受极了。这时，一只大手将我提了起来。我一看，原来是教练。我"哇"的一声哭了起来。教练拍着我的肩膀，安慰我说："没事，游泳是一项技巧运动，要慢慢体会，掌握诀窍才行。不要怕，学游泳先要放松身心。"

教练托着我的肚皮，我的整个身体浮在了水面，头向上昂着。教练做完示范后，我小心翼翼地把下巴沉到水里，见没有波浪，又把嘴放到水里，深深地吸了一口气，再把鼻子放到水里。我屏住呼吸，两只眼睛环顾四周，波浪一起一伏，好看极了。教练拍拍我的肩膀："大胆些，注意换气。"我站起来，又扎下去，池水一下子向我涌来，耳朵里都灌进了水，大脑里顿时一片空白，仿佛马上要爆炸似的。我双脚猛地一蹬，头伸出了水面，水从额头上、头发上流下来。

停顿片刻，我又把头放到水里。这一次，我的胆子大了一些，可以在水里摆几下，甚至还在水里翻了几个滚。慢慢地，我学会了潜水。

教练见我能潜水了，就抬着我的肩膀，让我自己浮起来。我试着把脚抬起来，这时，轻松多了，身子浮了起来。渐渐地，我能浮在水面上自由自在地漂荡了，就像一只自由自在的小青蛙。

月牙儿梳子

冯淑妍

每天清晨，透过玻璃窗就能看到妈妈站着，拿着梳子给奶奶梳头。

妈妈手中的梳子在奶奶的一缕缕头发中来回穿梭。那把淡黄色的月牙儿梳子在奶奶头发上划过，虽然有几缕显眼的白头发，但在那把月牙儿梳子的映衬下，反倒为奶奶的头发增添了更绚丽的色彩。妈妈拿着梳子轻轻地梳着奶奶的头发，她的每一个动作都那么轻柔：顺着奶奶的发髻从上往下反复地梳着；用手触碰着奶奶前面的头发，把它弄整齐；用发圈把奶奶的头发扎起来。不一会儿，奶奶的头发梳好了，整整齐齐的。奶奶转过身来，看了看妈妈，把妈妈的手放在自己手上，又看了看那把用了多年的梳子，拍了拍妈妈的手，像是在说：这些年，你辛苦了！

妈妈从奶奶房里出来了，可她自己的头发还是凌乱的。我看着妈妈，心里顿时有了一个念头：如果我能给妈妈梳梳她那凌乱的头发……于是，我拿起那把月牙儿梳子，跑到妈妈面前，指向妈妈的头发，对妈妈说："妈妈，让我来给您梳头吧！"妈妈轻轻地点了点头，走到房间里，在梳妆台前坐好。

我拿起梳子学着妈妈给奶奶梳头的样子小心翼翼地梳着，尽管

这把月牙儿梳子有点儿不听我使唤，头发时时散掉，怎么扎也扎不起来，但我还是努力地梳着。直到梳了不知道第几遍时，我才用力一扎，把头发扎好，也不管整齐不整齐。退后一看，妈妈的头发像是被我打造成了鸟巢，不整齐，也不好看，但是透过镜子我隐约看到，妈妈笑了。

这把月牙儿梳子很普通，但是，每天清晨，妈妈都会拿着梳子给奶奶梳头，而片刻过后，在妈妈的梳妆台镜子中，就能看到一张笑脸……

家有"厨神"

杨　冬

姨夫并非专业厨师，却是做菜的行家里手，他一天不动铲子手就发痒。我喜欢美食，因此，姨夫的诱惑力让我无法抗拒，一放学我就忍不住往他家跑。

星期三的中午，我拖着疲惫的身子去姨夫家。刚一进门，一股香味儿迎面而来，沁人心脾。哇，好香！瞬间，疲惫就被赶到了九霄云外，我以"神十"发射的速度"飞"向餐桌，迅速占据了"有利地形"，准备迎接一场与表弟表妹们的"抢食大战"。

终于开饭了。我早盯上那盘红烧肉了，暗暗做好准备，打算一上场就把它消灭掉。那一块块红烧肉，躺在盘子里，深红油亮，闪闪发光，在向我频频"招手"……

预备，开始，冲锋！抢到一块肥肉，咬上一口，汤汁就顺着我的嘴角流了下来，鲜美无比呀！慢慢回味，软里透嫩，肥而不腻，香味绵长，真是色香味俱全啊！那香味儿，似乎要把我迷倒，我沉浸其中无法自拔，像是在美食的天堂中飞翔一样。

红烧排骨、宫保鸡丁、清蒸鲤鱼……一道道佳肴，美味归我们，辛苦归姨夫。为了烧出好菜，姨夫背后可没少下功夫。他经常买来菜谱研究，每次去饭店或者朋友家吃饭，只要遇上好菜，姨夫总要向人家请教做菜秘诀。这还不够，电视上播出的"美食美客"节目，姨夫总是坐在电视机前，目不转睛地盯着屏幕，生怕漏掉了每个做菜要点。他还拿着笔，不时地低头做记录，那认真劲儿，真像课堂上专心听课的小学生。日积月累，姨夫竟然抄了厚厚的一本菜谱。

他把积累的经验一次次用到做菜中，烧菜水平就"芝麻开花——节节高"了。吃过他的菜的人，都说比五星级酒店做的还香呢。为此，我们送给他一个外号——"厨神"。这个外号，是对他劳动的最高奖赏。

家有"厨神"，我的嘴巴可真是享福哦！

我想成为老爸一样的人

闫均恒

"再试一次，有可能会成功！"这是老爸经常鼓励我的话。其实爸爸并不老，刚刚四十出头，中等身材，圆圆的肚子，聪明的大脑

袋，一双总能看透我的"小秘密"的大眼睛。我觉得爸爸长得"老"酷了，他的办法"老"多了，他对我"老"宽容了！老爸会教我学习奥数、英语，还会教我弹琴；他能给我养的小鱼治病，能给我修溜冰鞋；能带我走出我们迷路的灵山"原始"森林……老爸的优点很多，但我觉得最给力的还是老爸的宽容。

今年寒假，一次晚饭后，为了替妈妈分担家务，我第一次兴致勃勃地主动要求洗碗。我一边哼着小曲，一边挽起袖子，将一大摞油乎乎、脏兮兮的盘子、碗筷拿进厨房。我左手挤上洗洁精，右手拿起洗碗布，开始洗碗。"咣当！""哗啦！"不好，盘子由于太油、太滑，掉到了地上，碎了！我的心像十五个吊桶打水——七上八下……"七色花，七色花，快快将我的盘子复原吧！"我心里不停地祈祷。正在我不知所措的时候，传来妈妈责备的声音："哎呀！怎么搞的，碎了吧？还不如我自己洗呢！一点儿也不省心。"听了妈妈的话，原本就在自责的我，更加难过，眼泪唰唰地滚了下来。这时，老爸过来了，他仔细检查了我的手，轻轻地抚摸着，确认我没有受伤，才对妈妈说："孩子主动要求洗碗，这不仅是爱劳动的表现，更是懂得心疼长辈的体现。不洗碗的人，永远都不会打碎碗；不做事的人，永远不会犯错误。"我的眼泪再次奔涌而出，为老爸那宽容的话语所感动。而老爸轻抚的似乎也不是我的手，而是我的心。

现在，我已经学会了洗碗，老爸那句"不洗碗的人，永远都不会打碎碗；不做事的人，永远不会犯错误"也永远留在我的记忆深处，安慰、激励着我。

所以，我想成为老爸一样的人，做一个勤劳、善良、宽容的人。

"收拾"土豆

王天凤

星期天的中午，我看见妈妈在厨房里准备午餐，又是煮饭，又是烧菜，忙得不可开交，我真想帮妈妈做一些事。

于是，我走到妈妈旁边笑嘻嘻地对妈妈说："妈妈，我来帮你切菜。""不用了。"妈妈皱着眉头说，"你不会切的，别来捣乱，还是到外面去玩吧。"我不肯走，拉着妈妈的手臂直撒娇，看我那不肯放弃的样子，妈妈只好答应了，"你真要帮忙的话，把这几个土豆削皮后切成土豆丝。""遵命！"我兴奋地接受了任务。

我从袋子里拿出几个土豆，用刨子把土豆皮削去，洗干净后，便开始切了。切土豆肯定难不倒我，但真的去做也不简单。我学着妈妈的样子，左手把土豆按在板上，右手拿菜刀，因为土豆身体圆鼓鼓的，我一刀切下去，土豆一滚，切下的土豆片上薄下厚。继续往下切，土豆好像在故意和我玩"老鹰捉小鸡"的游戏，它一会儿往左逃，一会儿往右跑，我总是没法直直地切下去。我皱着眉头看着我的劳动成果，土豆片一块厚，一块薄，一块大，一块小，气愤地说："你们这些讨厌的家伙敢跟我作对，我总会有办法收拾你们的！"我放下菜刀，急着找来妈妈，"妈妈，快来教教我！"妈妈走过来看了看我切的土豆，笑着说："你刚学切菜，可以先把土豆一切两半，把削平的一边贴在砧板上，这样土豆就不会来回滚动了。"接着，妈妈又教给我切菜的方法：切菜时右手拿刀，左手握菜，关键是刀面要贴着左手的指头往下切，并随着指头慢慢地向后移，这样切下的菜才会均匀。听了妈妈的话，我慢慢地尝试着去切。虽然速度很慢，但这下切出来的土豆均匀多了……

我把劳动成果拿给了妈妈，妈妈看了看，笑着对我说："嗯，切得还可以，能帮妈妈做事了，我的女儿真的长大了。"听了妈妈的话，我心里喜滋滋的。

睡觉是一种享受

张克轩

人的一生有两大乐事：吃饭、睡觉。吃饭，是为了让我们能品尝美食，品味其精妙，并且补充能量，让学习、工作更加完美。然而睡觉呢？它是完全可以与吃饭相媲美的一件妙事。

当你经过一天的学习、工作劳累后，刚刚回家，你便靠在墙上，疲惫不堪。你无心去做任何事，不想吃饭，不想看电视，甚至不想玩手机。当你抬起头，看着天花板发呆，感觉到墙的冰凉，你便想到了你的床。床，那是你温暖的国度，那是你自由的世界，那是你一统的天下！你迫不及待地迈开双脚，三步并作两步以迅雷不及掩耳之势飞奔向你的"王国"，如饿狼扑食一样跳上床，几秒后便和你的被子缠绵在了一起。疲惫的双眼入睡了，困倦的四肢入睡了，忙碌的大脑入睡了。不远处的树枝上，蝉儿在轻轻地唱着摇篮曲，刺眼而燥热的阳光穿过密密的树叶，似乎也软化了，像母亲的手抚过脸颊，你沉沉地睡去，进入甜甜的梦乡。

当你进入梦乡，你的心平静下来，比以往任何一个时候都还要平静。所有的心烦琐事，都随着那有节奏的呼吸而消失得无影无踪！每当这时，你就犹如身在一团浮云里，轻飘飘、软绵绵的，一切都令你舒舒服服的。你走在属于你自己的梦幻中，在这个虚无缥缈、迷幻无穷的梦境中，你来到了新的世界，那个世界的一切都与现实世界截然不同。你过着崭新的生活，有着属于自己的新天地。虽然时间匆匆流逝，但在这匆匆之中产生出的快乐是无穷的。此时此刻，就只有深深的夜，清脆的蛙叫，徐徐的凉风和你的呼吸声，这多么惬意呀！

当你从梦境中走出，世界已是光芒四射，这份光明随着新的一天的到来越发闪耀。你伸了一个懒腰，但其实并不想起床。因为此时的被窝，是如此的温暖、迷人。你久久地待在被窝里，享受着这即将失去的畅爽。你的毛孔此时一个个都精神饱满，体味着这清晨皇家级别的优待。在一天的生活中，你最舒畅的，恐怕就只有清晨睁开眼，清亮的眼神，甜甜的笑容，开始新的旅程。

睡觉，能让你消除疲劳；睡觉，能让你身心畅爽；睡觉，也能让你回味无穷。如果你问我，一间房屋里最不能缺少的是什么？那我的回答一定会是：床。给我一张床，足矣，就让我睡到天昏地暗。

敬老师曾说："温暖的被窝是埋葬你前程的坟墓！"还调侃道：需要在教室里给你放一张床吗？若需要，请告知！我笑得东倒西歪，岂敢？岂敢？不过，我还是认为睡觉是一种享受，难道不是吗？

我的梦因你而亮丽

胡雨柔

倘若我的梦是禾苗，那么你便是雨露，给我的梦以滋润；倘若我的梦是花草，那么你便是阳光，给我的梦以温馨；倘若我的梦是月亮，那么你便是星辰，给我的梦以点缀。我的梦因你而亮丽。

你是谁？你的名字叫"麦田"，一个民间助学组织。

在你没有出现之前，我的梦是灰暗的。

曾经，我的童年也是幸福的，爸爸是乡村医生，妈妈是村上的计生专干，我们家虽然不怎么富裕，却非常和谐幸福。那时，我就有个梦——考上大学，像爸爸一样成为医生。谁知，2007年，爸爸被查出患了肝癌。为挽救爸爸的生命，我们家四处借钱给爸爸治病，可是，钱花完了，爸爸还是去世了。短短几个月时间，彼时还与我谈笑风生的爸爸此刻竟然变成了一抔黄土。家中断了顶梁柱，妈妈憔悴了，爷爷奶奶苍老了，我失去了往日的欢乐，我的梦也随之变得暗淡。

记得我读四年级那年，你来啦！你的到来，改变了我的命运，照亮了我的梦。那天，天下着大雨，路上尽是泥泞。你冒着雨，踏着泥泞，来我家走访。看着我那家徒四壁的家，听着我奶奶声泪俱下的诉说，你的眼角也含着泪花。你告诉我，你的名字叫"麦田"，你的宗旨是"给贫困孩子一个机会，给自己一份快乐"，你的理念是"我们

我的梦因你而亮丽

的力量虽然很小，但哪怕只能改变一个小孩子的命运，我们就依然去努力"。

在奶奶的坚持下，你留在我家吃了午饭，那是极为普通的农家饭呀，临走时，你却把饭钱压在了碗底……

从此，每一个学期，我都会从你的手中接过带着你赤诚之心的文具、衣服和生活费，我的脸上又有了笑容，我可以无后顾之忧地去实现我的梦啦。

从此，我与你结下了不解之缘，我的梦也因你而亮丽起来——我的梦又增添了新的内容：将来，不管我从事什么职业，不管我在何处工作，我都希望成为"你"，成为"麦田"的一员。

致终将离开的牙套

屠一诺

妈妈说，因为我长新牙时一直舔新牙，所以牙有点儿往外凸。后来，听说可以整牙，我便连忙跑去了医院。

医生检查了我的牙齿，说，你可以整牙，但是为了使整牙效果更好，最好先拔掉四颗牙齿。想不起来我是如何在爸爸妈妈的劝慰下走进拔牙室的，只记得在一个月内，我就少了四颗牙。有时我呆呆地舔着四个缺口，真有些后悔，为什么要整牙呢？多对不起那被拔掉的四颗牙啊！

戴上牙套的确切日期是2015年9月7日，一个我永远也不会忘记

的日子。因为从这一天起，我就迈进了一个崭新的世界。刚开始，我总觉得牙齿怪怪的，别扭极了。每天都重复着粥或豆腐汤或鸡蛋类的饭食，我平生第一次感到食物难以下咽——对于一个戴牙套的孩子来说，他人口中的那些香香脆脆的饼干和甜甜的糖果是多么可爱诱人啊！

戴上牙套就好像把自己的嘴巴锁进了一个笼子里。下课了，我眼巴巴地看着同学们拿出一袋袋零食往嘴里塞，有时他们好意地递过来些什么，我只能指着自己的嘴，违心地挤出几个字："牙套，不吃，谢谢。"然后就赶紧把嘴闭上，生怕下一秒钟，难忍诱惑的嘴巴就会说出一些不该说的话。再加上戴上牙套的最初几天，我的嘴巴总被牙套刮破，所以我对牙套怎么也喜欢不起来。有时做梦梦到我的牙套拆啦，便忍不住会"咯咯"地笑起来。

可经过一年半的"磨合"，渐渐地，我发现自己已经不由自主地爱上了牙套。

都说戴牙套的小孩儿难免会害羞，怕开口，我倒觉得，戴牙套使我开朗了不少，我反而更喜欢咧开嘴笑了。别人叫我"钢牙妹"，我也总是开心地应一声。我觉得"钢牙妹"是一个很酷的外号，这个外号不亚于"蝙蝠侠"之类的嘛！

刚开始，我一直追着戴过牙套的"前辈"询问经验，现在，我也已经是"老前辈"了。当刚刚戴上牙套或还未戴牙套的人来向我讨教经验时，我就一本正经、语重心长地传授心得："一定要勤刷牙，戴牙套很容易烂牙的。""拔牙嘛，不痛的，就是打麻醉药有点儿痛。医生给我拔牙的同时还给外国实习生讲解呢！放心吧……不会拔错牙的！"

因此，当医生对我说"你可以拆牙套"时，我心里竟有了几分不舍。

不管怎么说，牙套都陪我度过了一段难忘的岁月。在即将分别之际，就以此文纪念它吧。

和老爸过招儿

张　政

我爸这人什么都好，就是有一点不好——不准我看电视！电视怎么啦？又不是洪水猛兽，语文老师在课堂上还带着我们看《中国诗词大会》呢！我们看得可过瘾了。电视里放的NBA篮球赛、中国女排比赛、中国乒乓球比赛，还有好多节目我都爱看。强忍着不看？那滋味真不好受。每次经过电视机旁，我心里都痒痒的。我最大的愿望就是爸妈都不在家，我能好好过把电视瘾。

当然，看电视的机会是有的，不过这得自己创造。

妈妈不在家的时候，爸爸也会乘机放松放松。这可是我偷看电视的千载难逢的好时机。

爸爸一出门，只要听见"嘭"的一声关门声，我就立刻跑到窗口，亲眼看着爸爸骑车出院门。在确保万无一失后，我才执行我的计划。因为有时爸爸会忘拿东西（也可能是故意杀个"回马枪"），下去了又上来，搞得我措手不及。如果不幸被他逮个正着，免不了挨一顿臭骂，爸爸定会把我数落得一文不值。更可气的是他还会把电视机所在的卧室锁起来，让我一筹莫展。

多次出师不利之后，我便吸取了教训，学乖了一点。待亲眼看到爸爸出门，在窗户边看到他的身影彻底消失在视线中后，我才能放

心。除此之外，我还要做一个万全的准备——手边放上一本书，作为我最好的掩护。在我看电视看得太投入失去警觉来不及撤退的时候，立刻拿本书在手上做挡箭牌，十分好使。经验证明，书从来不会出卖我。

准备工作做到位之后，还得放出"烟幕弹"，迷惑老爸——把我房间的灯打开，掩人耳目，这样老爸一进院子，抬头就能看见我的房间开着灯，说明我人在房间，这给了我缓冲的机会。一听到钥匙转动的声音，我就喊一声"谁呀"，同时，立刻关掉电视机，用自己的声音盖过关电视的声音，然后翻开书，假装在看书。

要想瞒过老爸，需要十分细心才行，任何一个小细节都不能放过。比如电视的声音可以开得低，但不能太过分，要不然老爸会起疑心。有时我干脆调成静音，有字看字，没字看哑巴"动画"——看总比不看好。眼睛紧盯着电视屏幕的同时，耳朵还得竖起来倾听门外的动静，以防老爸突然回来。

再狡猾的敌人也会有弱点，就好比老爸的车子声音很响，未见其人先闻车声，这对我大大有利，让我有充分的时间撤退！

有了这样天衣无缝的计策，老爸哪里斗得过我？有时尽管他起了疑心，但我一口咬定没看，他又抓不住我的把柄，也就只好偃旗息鼓了。

经过我的周密策划，再加上对好时机的把握，我偷看电视而不被老爸逮住的成功率达到了99%。和老爸过招儿的我是不是老谋深算？

得意之余，我把和老爸过招儿的"辉煌战果"写进了作文，得到了老师的表扬，老师把我的作文晒在班级家长微信群里，夸我写得好，还说要帮我投稿发表。可是谁能想到，正在我暗自得意时，我妈却轻蔑地哼了一声："你以为你爸真不知道？他早就知道了，只是故意装作不知道，好让你时刻有所戒备，不会过度沉迷于电视罢了。"

听了这句话，我的脸一下子红了，老爸是怎么知道的呢？看来，跟老爸过招儿，我还是嫩了点儿。

营救"敢死队员"

天空晴朗无云，透亮的蓝活泼地镶嵌在空中，微风抚过窗帘，吹进来一股清新的甜味儿，真是一个好天气呀！

我满足地眯着眼，转身冲着身后的鱼缸一笑，这么好的天气，也让小鱼们换换环境吧！

鱼缸不大，底部的长和宽大略与A4纸相同。我轻轻地把鱼缸搬到池子里，然后拿起旁边的渔网，看准一条鱼，把渔网放下去，哈哈，一下网住了好几条，我往上一提，把那几条可爱的小鱼快速地放到准备好的小桶里。

又一网下去，鱼缸就"见底"了。把网到的鱼安置好，我便朝那最后一条鱼网了过去。当我把它捞出来准备放进小桶里时，谁知这条淘气的小鱼那么不安分，硬是从网里跃出来跳到了池子里。我眼睁睁地看着那条小鱼即将滑到池子内的凹槽里，突然意识到一个十分严重的问题——凹槽那里的圆形盖子，我！忘！记！盖！了！

猛然搬开鱼缸，可是为时已晚，那条小鱼已经顺着光滑的池壁滑到凹槽里去了。我朝着里面望了望，黑乎乎的，什么也看不清。我看着哗哗地往下流水的水龙头，心中一阵焦急，千万要挺住啊，我的小鱼！我飞快地跑进厨房，找了一双一次性筷子，我知道凹槽里面有个

十字形的过滤口，如果幸运的话，小鱼会被卡在那儿。

用手电筒照着看了看，小鱼果然是被卡住了，于是我赶紧拿筷子向下夹去。"哎呀——"我不禁叫了一声，本来已经夹住它了，可惜太滑了，它又掉下去了。我又一次夹过去，夹住了！夹住了！我小心翼翼地夹住小鱼，一点点往上移动。这次它好像也知道自己犯了错，一动也不动，任由我把它夹起来，一副可怜兮兮的样子。

终于把它放回了换过水的鱼缸中，看着它一副死里逃生的兴奋样子，我长舒了一口气，吓死我了！

"以后你就叫'敢死队员'了！"我恶狠狠地冲着它说。鱼缸干净如新，在阳光下闪闪发光。

"真是有惊无险啊，好了！写作业去喽！"完成了一件"大事"，我满心欢喜。

舌尖上的生活

康梦洁

舌尖上的生活，苦辣酸甜，样样都有。

凉拌苦瓜丝

"疑是鼻涕落九天！"这是感冒送给我的大礼。

镜头切至学校："阿嚏！"一声巨响，震耳欲聋！某人的鼻子里就流淌出了"山泉水"——纸！纸！我需要纸！洁白如玉的纸啊！我需要你！

镜头切换至家："困死了！困死了！睡觉吧！"躺在沙发上，我打起了呼噜，"呼哧，呼哧，呼哧！"可没一会儿，鼻子就不舒服了，忍不住又要流鼻涕了！不行，吃药吧，可那味道叫一个苦呀！苦过凉拌苦瓜丝。

香辣土豆丝

不会吧！上课时我居然走神了。最要命的是，老师的火眼金睛还偏偏"关照"到了我这头"小怪"身上。

缓缓地站起来，傻傻地站着——什么内容也说不出来，我颜面扫地！

一想到这事，太阳照在脸上的滋味就不是暖暖的，而是——辣辣的，香辣土豆丝一样的味道。

138

酸 菜 鱼 汤

"呜，呜——"从我的房间中传出了一阵哭声。

用脚趾头想想都知道，是老妹又在哭了。嗨，我又要倒霉了。

老爸跑进房间，急切地问道："宝贝，怎么回事？爸爸替你做主！"

"是……"我指着地上的羽毛球拍，才说了一个字，就被拍马赶来的老妈打断了："还能怎么样！她们两个玩追跑游戏，做姐姐的只管自己跑，小的想跟上去，急了，摔倒了呗！"

"我冤枉啊！是她自己跳起来，想拿挂在墙上的球拍，落地时失去了平衡才摔的！"

老妹哭得更凶了，爸妈把我的解释看作浮云，置之不理。我只有喝下这碗酸菜鱼汤了。

蜜 汁 鸡 翅

"昨天，你们数学老师来短信说今天要测试，结果出来了吗？"

"考得不好……只有八十多分……"还没等我说完，老妈就阴沉着脸，低吼道："最高分多少？把考试卷拿出来给我看看！"

"一百分。"我早料到她会来这一手，故意把反面递给她看，然后缓缓地说道，"有三个……"

"你叫我怎么说你好呢？反面全对，那你前面居然扣了十多分，基础知识扣了十多分，你让我说什么好！"当她一翻到正面，惊呆了——跟中了头奖似的。

"你这家伙，居然骗我！好了，去做作业吧，给你做一顿好吃的——蜜汁鸡翅！"

人生如菜！有平淡的，也有重口味的！

一只有抱负的老鼠

刘 宁

一只老鼠刚偷了一包烟，被猫追得屁滚尿流，好不容易逃回家

里。它躺在床上，气愤不已，心想：我不要再过这种偷鸡摸狗、被猫欺负的日子了，我要有份体面的职业，对，我要做一名品酒师。它一个翻身从床上弹起，奔向酒柜。

找出一瓶举世闻名的美国威士忌，倒了一杯，"哇，好酒，好酒。"老鼠一杯接着一杯地喝，一会儿工夫，竟呼呼大睡起来。

第二天醒来，它想，今天我得尝尝英国酒的味道。老鼠拿出了它珍藏了十几年的英国酒，真有点儿心疼。可为了学习做品酒师，喝了！"咕噜""咕噜""咕噜"……几口就喝了个底朝天。"啊！英国的酒，太好喝了。"刚说完，老鼠就倒下去了。

第三天，老鼠打开了中国的酒。一口喝下去，"哇，好辣啊。"它感到一股热血往头上涌，似乎浑身有使不完的劲儿，大喊道："猫呢？你老是欺负我，看我今天怎么收拾你。"趁着酒劲儿，老鼠跑去找猫一决高下。猫跑出来，"小子，来找死啊？正好我有点儿饿了。"老鼠丝毫没有惧怕的样子，猫扑过来，老鼠一闪，突然打起了醉拳。猫被老鼠整得团团转，无法适应它的打法。最后，猫被老鼠打得满地找牙，老鼠终于打败了不可一世的猫。

这下老鼠出名了，它趁此开了一个新闻发布会。大家听说老鼠开新闻发布会，都想来看看。老鼠在新闻发布会上说："只要心中有胆量，就能实现自己的抱负，我希望能成为一只有抱负的老鼠！我希望有自己的事业！"接着它说自己的理想是当一名品酒师！由于它声名远扬，各大酒厂纷纷来聘请他。

老鼠选中了其中一家，现在它有了自己的工作，再也不用东躲西藏了。老鼠很开心，来到厂里准备大干一场，可老板神神秘秘地说："其实我不用你做什么，你只要给我的酒做个广告，说我的酒有多好就可以了，这是一点儿小意思！"说完拿出了一大摞钱。老鼠觉得很蹊跷，它没有直接收钱，而是先尝了一口酒，"呸！这也太难喝了吧！"老鼠不肯为这种酒做广告。老板非常生气，把它赶了出

去，"哼，你这只不识相的耗子，不准把我的事说出去，否则要你好看！"老鼠被赶出来后，立即走进了警察局。第二天，警察就把酒厂老板抓了起来，因为酒厂老板竟用廉价的工业酒精兑水来造酒。

老鼠虽然失业了，但它并不失落，因为它终于成了一只有用的老鼠。

云端上的小兔子

严宗湘

瓦蓝瓦蓝的天空中，有一朵洁白无瑕的云。云上住着一只可爱的小兔子。小兔子每天都会驾着她的云车，这儿瞧瞧，那儿逛逛。

这天，小兔子忽然想起已经好久都没回自己的老家——大森林了。想起以前在大森林度过的幸福时光，想到昔日的老朋友，小兔子便迫不及待地驾起云车要回去看看。

来到森林里寻找往日的家园，她却发现大树早已不见，只剩下树桩。小兔子走下云车，奇怪地问树桩："原来立在这儿的那些树哪儿去了？"树桩伤心地说："都被那些可恶的伐木工人给砍掉了，拉到工厂里去做家具了。""唉，我美丽的家不见了。"小兔子伤心地流下了泪水。

小兔子来到溪边找她的朋友们，却发现老朋友们一个个都变了样。首先碰到的是小熊，小熊以前长得白白胖胖的，现在却变得骨瘦如柴，一点儿精神都没有，像生了一场大病似的。小兔子用同情的目光看了小熊一眼，唉声叹气地走了。小兔子走着走着，遇到了它最好的朋友——小猴子，它一下子惊呆了，眼前的小猴子如果不仔细看都认不出来了，浑身的毛好像刺猬一样竖着，目光呆滞，瘦得不成样子，无精打采地坐在一棵树桩旁。以前的小猴子活泼机灵，经常在树枝上玩"倒挂金钩"，还能从这棵树跳到另一棵树，和小兔子玩捉迷藏的游戏。小兔子含着眼泪走过去和小猴子紧紧地拥抱在了一起。

小兔子决定去寻找环境恶化的原因，它继续向前走，走了不远就闻到了一股臭味。原来是小河里的水又黑又臭，上面都漂满垃圾，再向远处望去，一个工厂的烟囱里冒着浓浓的黑烟……小兔子一下子全都明白了。

第二天一大早，当太阳刚刚从地平线上升起的时候，人们惊奇地发现：伴随着太阳冉冉升起的，还有一行金色的大字——地球是我们共同的家园，需要每一个人细心地呵护。森林里的住户们都知道，那一定是小兔子的杰作。

翩翩起舞的"芭蕾公主"

"加油，往上吹，快点儿往上吹呀！唉……"舞台下的芭蕾舞迷正焦急地等待着"芭蕾公主"从空中跳着姿势优美的"芭蕾舞"下来，连观众们也"举头望明月"，不敢"低头思故乡"。

黑板上的记忆

李　彤

一块小小的黑板，留下了我多少记忆。

其中，印象最深刻的记忆，与数学老师夏老师有关。

最初听到数学老师的名字，还是在小学三年级。那时，有不少家长在私下里传，进了高年级，若正好是夏老师教数学，那是孩子的造化。

夏老师是谁？夏悟然。一个男性化的名字。

第一节数学课，走进教室的是一位年近五十的中年女士，很普通，普通得就像一个农家妇女；很家常，家常得就像班里某个同学的母亲。

我曾经无数次在心里勾画夏老师的形象，可怎么也无法将心目中的"夏老师"与眼前这位挂起钩来。如果美是单纯就外貌而言的话，夏老师实在算不上美。没有婀娜苗条的身姿，身材微微发福，国字形的脸，齐肩的发，厚实的唇，朴实的衣着，点点滴滴都透露出这样的信息：普通。当时，我不免有一点儿失望。

再一看她写的粉笔字，我就更加不相信听到的传言了，这怎么看也不像是一个教了三十年书的老师写的。这粉笔字写得极不规范，更谈不上美观。课堂上开始有人窃窃私语了，也许大家是大失所望了

吧。

上了几节课我才明白，只有认真听夏老师的课，才能真正感受到她的魅力。夏老师的课，如果从公开课的角度上看，算不得优秀，没有什么出奇的地方，也没有任何花里胡哨的东西；单纯从形式而言，也许还够不上"高超"这两个字的评价；但是从学生的感受而言，却是够得上"高超"这个评价的——实在，实用！听夏老师的课，不管是成绩好的，还是基础差的，只要用心听，都会有收获，都会有进步。她的课，用两个成语来概括就是：深入浅出，通俗易懂。

夏老师是运用黑板最娴熟的老师，或作图，或演算，或板书重点，或请同学上台演练……每一块地方她都能恰如其分地用到，又不显得拥挤。

回想起来，我算是幸运的学生之一了，被夏老师请上讲台，在黑板上做题的机会比较多，自然留在黑板上的记忆也就多了起来。

如今，再看夏老师，我觉得夏老师不光心灵美，外貌分明也美了许多，连她的板书看着也美起来了，稚拙可亲，龙飞凤舞……

你可曾爱过一块黑板？可曾有过关于黑板的记忆？可曾遇到过一位关心你、疼爱你的师长？我很幸运，我遇到了！那就是夏老师，还有夏老师手下的那一方黑板。

这黑板上的记忆，是我最美、最温暖的记忆。

翩翩起舞的"芭蕾公主"

父亲的鼾声

武亦新

随着年龄的不断增长，往事如浪潮似的，层层叠叠，许多记忆渐渐远去，唯有父亲的鼾声一直萦绕在我的耳边。

夏夜静谧，皎洁的月光细细柔柔地洒落在父亲宽厚的肩膀上，他乌黑浓密的发间散发着幽蓝的光晕。均匀沉稳的鼾声从父亲的鼻腔中传出，细密绵长，久久回响，直达我耳根。仔细聆听，这声音忽高忽低，时而悠扬绵长，时而雄浑高亢，仿佛起伏的山脉，又如蜿蜒的流水，抚慰着我，令我安心。

平顺不总是生活的状态，艰难才是它的本来面目。那段日子，房东时常来讨房租，而父亲在生意上有一个大亏空，无法及时支付房租。父亲讨厌极了这样的日子，在艰难的生活中毅然决定买房子。可高涨的房价令他头痛不已，他不得不整天奔波于整个小城对比房价，爬遍所有的在售住宅楼，查看户型。他穿梭于大街小巷中，只为寻找一处可以安置我们一家人的住所。

正是秋老虎肆虐的时节，八月的太阳毒辣得像一记记耳光扇在脸上、身上，父亲每日风尘仆仆，额头上黄豆大的汗珠从他紧锁的"川"字眉间流下，顺着下颌，在他粗劣的衬衫上濡染出一块深色。在他倒在椅子上的瞬间，我看见他那黝黑粗糙的脸上爬上了些许沧

桑，高大的身影有了疲惫的样子，仿佛他扛着一座山。

那段时间，父亲总是睡得很迟，打各种电话，不断地咨询房价。我不曾记得伴我入睡的鼾声是何时消失的——父亲何尝安稳地睡过呢？彻夜充斥于空气中的，是他疲惫不堪的喘息声，以及无奈的叹息，大概生活的重担已压得他喘不过气了。这样的夜晚，漫长而痛苦，我们都无法安眠。在那喘息声里，我感受到的是一个父亲的铮铮铁骨，是一个父亲抗争生活的呐喊，是一个父亲心海中涌动不息的浪潮。此刻，我的心是压抑的、焦虑的。

窗外已现出浅青色的黎明，残余的夜色似乎不愿意离去。我揉揉惺忪的睡眼，发觉父亲早已出门。昨晚，父亲长长的喘息声仍刺耳地回响于我的耳边，如针扎般刺痛我的心——

何时，父亲的鼾声才能变成酣畅悠扬的乐音，伴我入眠，成为最令我安心的旋律呢？

课前"情景剧"

黄筠慧

我们班一直延续着这样一个好传统——上语文课前，全班同学轮流上台阅读，和大家分享一篇美文，每次一个人。这样不仅能学到知识，获得美的感受，也可让心静下来，有利于集中注意力上课。可是，有的同学硬是把美文阅读演绎成了一出"情景剧"。

上午课间，语文课代表把下午语文课前阅读美文的同学的名

翩翩起舞的"芭蕾公主"

字写在了黑板上。我定睛一看，是方俊翔（我们私下里都叫他"翔儿"），顿时想起翔儿读文章时各种让人听不清、听不懂的口音，一种不祥之感笼罩在心头。果然，翔儿还是出了状况，而且不是一般的状况！

阅读时间到了，余老师再三叮嘱翔儿：说"中国话"，不要用"外星语"！之后，翔儿拿着文章准备朗读，似乎踌躇满志。众人深吸一口气，准备洗耳恭听。但出人意料的是，翔儿在讲台上站了几秒钟后，便跑下来，直奔第一排的学霸们而去，只见他俯身说了些什么，原来他是在请教一个生僻字——"俪"怎么读。然而第一排的学霸们都没有见过这个字，只好搬"救兵"——字典。字典到手后，学霸小强便"呼啦呼啦"地翻起来。翔儿暂时回归讲台，开始读文章。

我们紧锁着眉头费劲儿地听着这口音浓重的朗读，余老师也伸长脖子侧着头努力分辨他的每一个发音，显然，我们依旧都听不懂他在念啥。不一会儿，翔儿又跑下了讲台，问"铿锵"的"铿"怎么读。得到正确的答案后又转身回到讲台上继续读。不料，仅仅过了几秒钟，翔儿第三次跑下讲台，原来他又读到"俪"这个字了。小强也终于查明了这个字的读音。在大家的笑声中，翔儿又走上讲台，淡定地继续朗读文章。然而，余老师的耐心终于"再而衰，三而竭"了，挥挥手让翔儿回到座位上，严正告诫他："以后朗读推荐的美文前一定要先经过我审核，认真做好准备工作，把生字词消灭在预习阶段。"然后，余老师打趣地告诫全班同学："大家以后一定不要惹了翔儿，否则他骂你几句，你都听不懂他在说什么。"同学们听了哈哈大笑。

不过，翔儿今天在语文课前上演的这场"情景剧"着实让我们笑了一场，紧张的学习气氛顿时轻松起来。这场"情景剧"也给我们提了一个醒：上台跟大家分享美文之前一定要做足"功课"，不然美文就将不美甚至变成"火星文"。

桃李小院桂花香

丁提提

红紫渐瘦，叶密花疏，不觉间春已将尽。某个下午轻翻书页，偶然邂逅了一首小诗，于是思绪奔涌，记忆中八爷的那间小屋也变得格外清晰起来。

八爷不苟言笑，却是一个闲不住的人。门前院内，田间地头，每逢春来，八爷便种果种瓜种菜，樱桃梨杏，葡萄柿子，四季瓜果从不间断。自然而然地，他家的那天然小吃部就成了我的乐园。

春风刚吹来不久，樱桃花就绽开了，粉白的花树下多了两个嬉闹的身影，是我和肥嘟。肥嘟是一只雪白的哈巴狗，是八爷干农活时捡来的，养了些时日身子便愈发滚圆了，调皮可爱，彼时是我最为要好的伙伴。樱桃花谢了不久，粉嫩的桃花便次第开放，只三两株，院中就弥散着一阵阵清香。那时我还很顽皮，总会在八爷农忙未归时偷偷挑几朵红而肥硕可爱的桃花摘下来别于发间，幻想着花瓣中会扑簌簌地飞出来一个个小精灵。

初夏，院里的葡萄架下早已浓荫密布，八爷便亲手为我打了一架秋千。每一个放学的午后，我都会坐在上面小憩片刻，等着八爷带回来几根胖胖的黄瓜，或是一串晶莹圆润的红樱桃。

那时小院中还有两只大白鹅，它们体态优雅，却绝非善茬儿。它们独自霸占了一方领地，每每从它们旁边经过，它们总能瞅准时机在我腿上"拧"一口。我若再敢往前走，便要遭受左右夹击了。不过这也无妨，丝毫改变不了它们下的蛋多数落入我腹中的命运。

小院角落里有一株桂树，不甚起眼，却总能在秋天里适时地散发出一树馨香。门外有一片不大的杨树林，老桑树就站在最外围。年年夏季，紫中透红的桑葚总能勾起小孩子肚子里的馋虫。夏热而蝉噪，八爷会在门口的过道上支起一张小板床，床头点一盘蚊香，一缕白烟萦萦绕绕，许久不散。而那一点红光，也总能让在树林里摸知了猴的我感到格外心安。

冬雪夏蝉林逾静，桃李小院桂花香。如今八爷走了，水泥台阶上也不见了肥嘟的身影。一切都变了，一切又好似都未变。只是，每当我踏着沙沙的落叶走过老桑树时，都会情不自禁地望向那早已锈迹斑斑的铁门，似乎下一刻，八爷就会从门中探出头来喊一句：闺女，快来尝一尝新闷的甜柿子啊。

金 丝 熊

乔春月

我家养了一只金丝熊，它既是一个小笨笨，又是一个机灵鬼了。

金丝熊披着一件淡粉色的"绒毛大衣"，摸上去非常柔软光滑。它的脑袋尖尖的，呈小三角形。它的两只眼睛又黑又亮，宛如两颗黑色的玛瑙。它的耳朵很小，但是很灵敏，不然，怎么会一有风吹草动

它就吓得躲在墙角里呢？它的鼻子真是小巧玲珑，绿豆般大小的黑鼻头上有两个小洞洞，那就是它的鼻孔啦。它的嘴巴翘翘的，仿佛在跟谁赌气。它的四肢下，长着五趾叉开的小爪。它的尾巴很短，还微微翘起，走起路来还左右摇摆。

　　有一天晚上，金丝熊趁我在看电视，把它的"小屋"咬了一个大洞，就跑出去玩了，第二天清早，我被一阵"扑扑"的声音吵醒。原来，金丝熊玩了一个晚上，玩累了，想回自己的"小屋"去睡觉，可是怎么也找不着洞口了。真是个小笨笨！

　　一个暑假的中午，我切了一些萝卜条喂它，它用小爪捧起萝卜条的一端狼吞虎咽地吃了下去。随后，一条、二条……几分钟就吃光了。我正想称赞它吃得快，忽然发现，它那尖尖的头变扁了，太奇怪了！我想仔细看看这是怎么回事。这时，它正背对着我津津有味地品尝萝卜条。我看了它一眼，心想：这又是哪里来的萝卜条？我一定要解开这个谜。于是，我便装着若无其事的样子走回屋，又马上躲到离金丝熊比较近的一个衣柜后，静静地看着它的一举一动。

　　金丝熊身体使劲儿地蠕动。突然间，它嘴里涌出了一根萝卜条，接着，两根、三根……不一会儿，就堆起了一座"小山"，然后才津津有味地吃了起来。我想起《十万个为什么》里给我们的解答是，金丝熊嘴的两侧有两个囊，为了让自己吃得多些，便把食物藏在囊中，当想吃的时候，便把食物弄出来，独自享用。

　　小小的金丝熊，却有那么多鬼点子，真是个机灵鬼。金丝熊，我真喜欢你。

奶奶的玫瑰花蜜

孙雨雪

奶奶制作的"玫瑰花蜜"，那可真叫一绝！

我家后院的小花园里有两大丛玫瑰，平日里刺蓬蓬的吓人。可到了开花的季节，那满枝的芳香真要羡煞整个庄子的人。

待到玫瑰红满枝头时，捡一个艳阳高照的天，在花瓣上的露水干透之后的九十点钟，奶奶的活儿便来了，挑许多鲜嫩的玫瑰花瓣轻轻摘下，统统放进蓝布围裙里兜进屋。

屋里呢，大桌子上早就铺好了干净的纸。奶奶轻轻地抖落花瓣，把粘连在一起的花瓣分开来，然后一层一层地铺在草纸上。刹那间，醉人的玫瑰香满屋子舞蹈起来。这样静置一小会儿后，你会看到——藏在花瓣底下如针尖般大小的小虫子一个个惊慌地爬了出来，有趣极了。

虫子爬光后，花瓣也就晾好了。奶奶照例拿来那个没上过釉的粗瓷大碗和那根小木槌，开始做她最拿手的玫瑰花蜜来。

奶奶先在粗糙的碗底上放上两小撮白砂糖，然后把适量的玫瑰花放进去，再用小木槌细细地研磨。很快，鲜红的玫瑰汁和白糖"友好"地溶在一起，愈磨愈稠，愈磨愈香。奶奶把研好的蜜小心地盛在茶杯大小的玻璃瓶里封好，每年都要做上七八瓶。这蜜除了送些给姑姑姨姨们外，足够我们美美地享用一年的呢！

我无法形容奶奶做的玫瑰花蜜有多么甘美，只知道家里要吃的许多甜品中，如冬天的汤圆、夏天的粽子、秋天的月饼等，只要放上一小勺玫瑰花蜜，那甜香的滋味真是赛过当神仙的日子哩！

你也想尝尝奶奶的玫瑰花蜜吗？那好办，请来我们家做客吧！

对鱼儿说说心里话

包震宇

小鱼儿，你们最近好吗？你们吃得饱不饱？水里温暖吗？有时我在喂食的时候，你们总是不吃，为什么不吃呢？你们可要当心营养不良哦。有时你们总是互相打闹，为什么要打闹呢？是不是你们太寂寞了，以后你们可别再打闹了。有时我拿起小棒在水里逗你们玩，可是你们却躲得远远的，为什么要躲呢？一起玩多好啊！

小鱼儿，你们为什么个个都长得怪怪的呢？特别是你——"乌龙"。全身黑乎乎的，尾巴大大的，眼睛肿肿的，真好像怪物一样。不过你倒挺乖的，因为你不爱打闹。"小狮子头"，你也长得很怪。脑袋上有很大一块像鱼子粘在一起的黄"肉球"，我也不知道那是什么，爸爸告诉我它叫"狮子头"，所以你就叫"小狮子头"啦！我告诉你，你太调皮了，以后可要注意了！

小鱼儿，你们的脸为什么一鼓一鼓的呢？晚上睡觉时还睁着大大的眼睛，你们这样不累吗？你们边游边摆着尾巴是在干吗呢？……我

有太多太多的问题想问了！小鱼儿，你们也太奇怪、太有趣了。记得有一次，我看见你们在水里打闹，就把小棒伸了进来试图分开你们，结果不但没有成功，你们反而打得更厉害了，真拿你们没办法。还记得那次吗？"乌龙"把"丹顶"的头壮了一下，"丹顶"马上就反戈一击把"乌龙"打得老远老远了，把我看得哭笑不得。

当然，我也有非常抱歉的时候，曾经连续两天忘了给你们喂食物。第三天我来看你们的时候，你们个个面黄肌瘦，我伤心极了，不停地责备自己太马大哈了，并告诉自己以后一定要善待你们。那天大概是太饿的缘故吧，看见我给你们喂食，你们争先恐后地游了过来，生白食物被别人抢走了似的。不知怎么的，"丹顶"和"小狮子头"突然抢起食物来，我看见你们又在打闹，就拿起小棒试图把你们分开来，结果却把你们弄伤了。真是对不起啊！幸好几天后，你们的伤口就愈合了，我太高兴了。

小鱼啊小鱼，我有太多的心里话想对你们说，说都说不完啊！我只希望你们能健康、快乐地成长，天天陪伴着我。只要有你们在我身边，我就高兴！

大战瞌睡虫

　　我感到有一支瞌睡虫大军入驻了我的身体。我的头越来越低，但是我不能睡！我努力地睁开眼继续写，瞌睡虫暂时被我赶出了身体。可是不一会儿，它们就重整旗鼓，席卷而来。

大战瞌睡虫

翁沁彤

　　某日，因作业尚未完成，本人只好深夜加班，与瞌睡虫的一场恶战紧锣密鼓地打响了。

　　原本，我还精神焕发，渐渐地，我的眼皮开始下垂，写字的速度足以与蜗牛的爬行速度媲美，一个字都要写一分钟。我眼皮耷拉下来啦，不好！我感到有一支瞌睡虫大军入驻了我的身体。我的头越来越低，但是我不能睡！我努力地睁开眼继续写，瞌睡虫暂时被我赶出了身体。可是不一会儿，它们就重整旗鼓，席卷而来。我的睡意再次被唤醒，没多久，我的头都快挨到练习本上了。不行，我一定要拿出头悬梁、锥刺股的精神来！我一个箭步窜到了卫生间，用一盆凉水狠狠地往脸上一浇，顿时神清气爽，瞌睡虫被凉水冲得无影无踪了。

　　我回到位子上，开始埋头苦干，几分钟后，我再次感到眼皮有千斤重，不知不觉，我倒在桌子上睡着了。不知过了多久，"啪嗒"，铅笔与笔盒掉地的声音惊醒了我。我以为妈妈来"视察"了，立刻从座位上弹了起来，紧张地四下张望，发现只是虚惊一场，便舒了口气，开始继续做作业。四五分钟过去了，十分钟过去了，十五分钟过去了……我慢慢地抵不过瞌睡虫的攻击，眼中的练习题就像一只只恶狼以迅雷不及掩耳之势蜂拥而入，而我已弹尽粮绝，很快便会"战死

沙场"了。我摇了摇头，拿起风油精往鼻子上狠狠一抹，我就不信治不了你这瞌睡虫！风油精果然有效，立刻让我神志清醒，全身像萦绕着一丝清风，做作业的效率快了许多。可没想到连风油精的威力也只是螳臂当车，有效期只维持了十多分钟就被瞌睡虫大军攻破。

实在没办法，只能出绝招了！我眯着眼，跌跌撞撞地找到冰箱，打开了门，顿时，源源不断的寒气扑面而来，我忍不住打了一个哆嗦。可作业要紧，眼睛一闭，我拼了！我拿出了一块冰块，含在嘴里，呀！一阵寒意蹿入了心头，冻得我龇牙咧嘴，直吐凉气。我就一边做作业，一边含着冰块提神。

指针指向了十二点，我把冰块含化了，也终于把作业做完了。这时我终于可以放任瞌睡虫们攻城略地，因为我已倒在床上呼呼大睡啦！

编 胡 子

雷雨欣

我在童年做过许多趣事，许多好事，当然做得更多的是傻事。其中最令我难忘的是给爷爷编胡子。

小时候的我特别捣蛋，有一段时间，我刚学会了编辫子，看到什么就编什么，什么窗帘啊，布条啊，爷爷的胡子啊……都是我的练习材料，全都逃不过我的手掌心。

有一天晚饭后，爷爷躺在摇椅上睡着了，我看见爷爷那长长的胡子便灵机一动，我要给爷爷编胡子。于是，我跑进房间，拿了一把头梳和一根粉色牛皮筋，蹑手蹑脚地来到爷爷身边。我先用头梳把爷爷的胡子梳一梳——爷爷的胡子可真难梳，我得轻点，梳了好久才梳通。梳通之后，我把爷爷的胡子分成三小把，左一下、右一下地交替着……啊，终于编好了！我用粉红色的牛皮筋把爷爷的胡子辫绑起来，大功告成！忽然，爷爷动了一下，吓得我连忙躲进屋里。过了一会儿，爷爷醒了，走进屋里，全家人都笑起来了。爷爷向我投来了求助的目光问："雨欣，快告诉爷爷怎么了。"我说："不知道。"全家人又大笑了起来，爷爷也只好无奈地跟着傻笑起来。

第二天早上，爷爷起来洗脸时才发现，原来他的胡子被我编成了辫子，忍不住也笑了起来。现在，我不敢再编爷爷的胡子了，也没法再编了，因为，爷爷为了防止我这个小调皮再去编他的胡子，去理发店把胡子剪掉了。现在，每次我给自己梳小辫时，就会想起这件事，总是忍不住傻笑起来。

158

"湿漉漉"的一天

刘伟嘉

看到"湿漉漉"这个词，你们可能会立刻想到——"被雨淋得湿漉漉"，"被水泼得湿漉漉"……我呀，今天就要说说我是怎么个"湿漉漉"的。

这一周是我们班值周，我呢，恰好又被选上了。从星期一开始，

要一直站岗站到星期五。那天一早，我看见天阴沉沉的，似乎很不开心，天空好像要大哭一场。这不，瞧我这乌鸦嘴，话一说出口，天空中的雨就像倒下来似的，下起了倾盆大雨。"哎呀！今天正好是我站岗呀！说什么扫兴的话！这回可要吃不了兜着走喽，今天肯定会被淋成'落汤鸡'的！"

没想到呀，这句话竟然马上被证实了。我到了学校后，雨还在下，那雨像泼、像倒，站岗时我还需要打着雨伞呢！到了中午，快放学了，我往窗外望了望，没想到天上的雨依然没停，而且越下越大了，我心想：糟了！看来我注定逃不过这"落汤鸡"的命。

我撑着雨伞，跑到了南校门，跑着跑着，感觉裤子怎么这么冰凉，回头一看，"哎呀！"原来是跑太快了，溅起了大水花，把裤子淋湿了。过了好长时间，雨停了，我把雨伞收了起来。没想到，不到五分钟的时间，雨又下大了，我的头发、衣服、裤子，都被淋湿了，这回，我真的成了"落汤鸡"了。用"倾盆大雨""瓢泼大雨"这几个成语来形容这会儿的天气，一点儿也不错，我还想到了一个歇后语：孙猴子的脸——说变就变。

很快，又到了下午，我又来到了这个"伤心地"（南校门），下午的雨小了些，一丝丝的雨像千万根银线，滴滴答答地落在雨伞上，我一边站岗，一边听着大自然的乐队演奏着美妙的旋律，真是享受！虽然，我的衣服仍旧是湿漉漉的。

今天，真是湿漉漉的一天。

我的乌龟朋友

袁 芸

我家里有两个小乌龟，它只有我的手掌心那么大。它住在爸爸买回来的鱼缸里，里面放有一些鹅卵石，是小乌龟的玩具。

小乌龟的头是青青的，两只眼睛往外凸，转来转去，炯炯有神。它的壳是椭圆形的，背上是用六边形构成的图案，腹部的壳是黄色的，很鲜艳。四条腿短短的，每只脚上有三个脚趾，上面长着锋利的爪子。

小乌龟一般只吃一些新鲜的肉啊、鱼啊。有一次，我去看乌龟，发现里面没有食物了，便用刀割了一小块新鲜的肉，放在鱼缸里。小乌龟见有一个红色的东西，便游了过去，到了它面前，用爪子去试探试探……我亲自拿来的肉，那还有假？心里一急便用我的大嗓门儿对它大喊说："这是你主人拿的肉，给你吃，难道还有假？"谁知乌龟听到声音，迅速把头和爪子缩进壳里。这时我才意识到我聪明反被聪明误，便不出声，在鱼缸边耐心等待。过了好一阵子，小乌龟慢慢地探出头来张望，见没有危险，才把脚伸出来，去用爪子摸一摸，直到认为安全了，才放心地吃起来。

星期天，我自告奋勇，给小乌龟换水。到了水池边，我便叫哥哥一起过来把乌龟捉出来，它们一出鱼缸就像出笼的小鸟，使劲儿地爬，我和哥哥把它们翻过来，它们便四脚朝天拼命地挣扎着，样子好滑稽啊，我和哥哥都笑了起来。换好水，小乌龟重新回到鱼缸里。瞧，它们游得多快活。

正是有了这两只小乌龟，我的生活才多了几分乐趣。

夏日的夜

罗盼盼

清澈的月光流水一般，从夏日的夜空潺潺地流淌下来，在庭院里慢慢盈满一个月光的池塘。在躺椅上乘凉的奶奶，手中的蒲扇轻轻一摇，晃荡起墙角的一丛芬芳的花草，飘浮起花草下叽叽的虫鸣，勾引得旁边驻足的孩子流连忘返。

墙角的花草并不繁多，只有泼皮敦厚的凤仙花。女孩子不像男孩子调皮好动，显然不是在捉蟋蟀、听虫鸣，那定是和凤仙花有着一种美丽的约会。那些一直紧闭着嘴巴的凤仙花，在这个有着星光和月光的夏日夜晚，忽然开口说话了，红的、黄的、紫的、粉的，各种颜色的花朵，串成长长短短的句子，从那又细又长的叶子中间怯怯地说出来。在朦胧的月光辉映下，更增添了一丝娇羞，仿佛是懵懂的女孩子，刚刚懂得爱美，偷了母亲的胭脂，心慌慌地坐在梳妆台前羞涩地照着镜子深描浅抹。

女孩子洗好澡，穿上好看的裙子，身上散发着香皂好闻的味道，美丽得就像童话里的公主。

萤火虫殷勤地提着灯为她照路，树上的蝉鸣唱起赞美的歌。她蹲

161

大战瞌睡虫

下身子瞅瞅这一朵凤仙花，又看看那朵凤仙花。一朵朵凤仙花仿佛被施了魔法，在女孩子纤纤手指的指挥下，从蓬蓬勃勃的枝叶间出发，蹁跹着飞到她的掌心里，散开成一片片花瓣，又轻轻地落到洁白的瓷碗里。在女孩子期待的目光里，等待着凤凰涅槃般的重生，期待在指甲上开出艳丽的花。

不 甜 的 糖

李玉新

快过年了，我一连帮着妈妈搞了好几天卫生。妈妈特高兴，奖给我一瓶可乐、一袋薯片。我喜洋洋地坐在沙发上，喝着可乐，嚼着薯片，看着电视剧，好不惬意！

我正美滋滋地享用着我的奖品，一声甜甜的"姐姐"透过窗子传了进来。我抬头一看，原来是邻居家的小妹妹来找我玩了。她看见桌上的可乐，问我那是什么。我本来想和她一起分享的，可是看着那就快见底的可乐瓶，我的脑子里快速地闪过了一个念头……

"这是药，苦极了！要不你尝尝吧？"我皱起眉头，闻了一下可乐，故意装出一副痛苦的样子。"姐姐，你怎么了？感冒了吗？很难受吗？""是的，我感冒了。"我赶紧大声"咳嗽"了两声。小妹妹看了看我，撒腿就跑了。看着她急匆匆离开的身影，我心想：哼，年纪不大，心眼不小，还怕传染呢。走了正好，正合我的心意！

我刚把可乐送到嘴边，小妹妹就气喘吁吁地跑了回来，一边跑一

边喊："姐姐，慢……慢点儿喝！""哼，小东西，跑得这么快，还让我慢点儿喝，再晚了就没我的份了！"我心里嘀咕着，三下五除二就把可乐喝了个精光。"慢点儿喝，姐姐，你喝那么快会很苦的！这是妈妈给我买的糖，很甜的，给你一块，吃了就不苦了！"一双胖乎乎的小手麻利地剥开糖纸，把糖塞进了我的嘴里，她眨着大眼睛，认真地问："姐姐，还苦吗？"

我品尝着嘴里的糖，一股羞愧涌了上来，让我无地自容……

怀念外公

池　晨

望着相框里外公慈祥和蔼的面容，泪无声无息地滑落在嘴边，我好恨、好悔，来不及见外公最后一面。永远忘不了那一天，我从闽清回到外婆家，见到的却是外公的灵堂，以及置于两旁的十几个花圈。走进灵堂，姨姨与外婆正掩面痛哭，看到外公安详地躺在那里，顿时，我的眼前一片朦胧，外公生前的往事一幕幕地浮现在我的脑海里。

有一次，我在外公家做作业，正当我快完成时，抬头看见外公，便兴奋地拉住他的手说："外公，您看我的作业做得对吗？"外公皱紧眉头，仿佛在思索着什么。我愣了一下，随即问他："外公，您怎么了？""从现在开始，我要帮助你练字！""练字？为什么要练字？"我十分诧异地问。外公指着我写的字，说："你写的字，说难听些，简直像鸟爪。"

第二天一大早，我还在被窝里做着美梦呢！突然一股冷气向我袭来，谁打搅了我的好梦？我睁开了眼，吓了一跳，外公表情严肃地站在我的床前："还睡？都日上三竿啦！"

我忙反驳道："今天是星期六……"话还没说完，外公又说："因为是星期六，才要你利用这好时光练练字啊！""练字？真是……"外公叹了一口气说："时间是宝贵的，哪能像你这样浪费？""得了，我练就是了！"我忙打岔道。

起身以后，我来到阳台上，拿起笔刚写了一个字，便被外公叫住了。我纳闷地望着外公。他接过我手中的笔，在纸上写了十四个字："少年易老学难成，一寸光阴不可轻。"我将外公的字与我的字比较，这才发现我写的字的确太不得体了。于是，我下定决心，一定要练好字。就这样，每天在外公的督促下，我的字大有进步，真打心眼里感谢外公。他不仅使我的书写有了很大的提高，还使我明白了时间何其宝贵。

如今，外公离我而去，但他的音容笑貌仍深深地印在我的脑海里。我永远忘不了他，他永远活在我的心中。

草　珊　瑚

刘　博

记得一个静谧的星期天早晨，我刚起床就感觉喉咙好像被一团棉花塞住了一样，又疼又哑，发不出任何声音。妈妈见状立即把我带到一盆奇形怪状的植物面前，这盆植物除了茎是紫色的以外其余部分都是绿色的，而且茎上还有一道道疤痕，远看，仿佛一条条弯弯曲曲的虫子。妈妈让我拔下一片叶子吃掉，我半信半疑地拔下一片叶子放进嘴里咀嚼起来，顿时，一股清凉的汁液流进了喉咙。突然，奇迹发生了，我的喉咙像涂了清凉油似的，凉爽极了。

我瞪大眼睛惊讶地问道："这是什么植物？"妈妈冲我神秘一笑说："是草珊瑚。"虽然我听说过珊瑚，但还是头一次听说"草珊瑚"。为了揭穿它的真面目，我上网一查，原来草珊瑚也叫九节花、九节兰、九节茶、接骨莲、满山香和肿节风等名称，是一种亚灌木植物，主要分布在安徽、浙江、广西、云南等地。可以点缀书桌、茶几、阳台和窗台，具有抗菌、消炎、祛风除湿、活血止痛功效，可治肺炎、急性阑尾炎、急性肠胃炎、菌痢、风湿疼痛、跌打损伤、骨折等。

除此之外，它的生命力也非常顽强。一次，我把花全部搬到室外晒太阳，谁知天公不作美，偏偏下起了倾盆大雨，由于我忘了把花收回家，其他花都被打得枝折花落，唯有草珊瑚不但没被打垮反而经过大雨冲刷，显得更加翠绿。

听了关于草珊瑚的介绍，相信大家已经深深喜爱上了植物，那就快快种植吧！

165